366日の中国名句辞典

finding nice words!

三省堂編修所 編

三省堂

装丁
グリッド有限会社　八十島博明　石川幸彦

本文設計
下野ツヨシ（ツヨシ＊グラフィックス）

組版
株式会社ぷれす

構成・編集
三省堂編修所

校正
高坂佳太　吉岡幸子

前書き

虎穴に入らずんば虎児を得ず。少年老い易く学成り難し、一寸の光陰軽んずべからず。百聞は一見に如かず。

中国の古典には、名句があふれています。そんな中から366句を、一日一句の形式（二月二十九日を含む）に並べました。気のきいた表現として、スピーチやSNSへの投稿などの参考にするもよし、お気に入りの名句を座右の銘にするもよし。さらに、テーマ別さくいん、五十音順さくいんを付し、「こんな内容の名句を知りたい」というときの役に立つことを期しました。

日付順に並んでいますが、お読みいただく順序は自由です。自分の誕生日、記念日、思い出の日……きっと心に響く名句があるでしょう。一人でも多くの方のお役に立てば幸いです。

なお、本書は『三省堂　中国名言名句辞典　新版』（大島晃編）をもとにしています。中国の名言をもっと知りたくなった方は、『三省堂　中国名言名句辞典　新版』もあわせてご覧ください。

二〇二三年三月　三省堂編修所

一月一日

言葉

巧言令色、鮮きかな仁

意味◉ ことば巧みで、やたら愛想のよい顔つきをする人には、仁の徳（誠の愛情）はまずないものだ。「巧言令色」は「言を巧にし色を令くす」と読んでもよい。「巧言」は巧みにことばを操ること。「令色」は人が気にいるような愛想のよい顔つきをすること。「鮮矣仁」は、「仁鮮矣」の倒置表現。語勢を強めたもの。

参考◉ 四字熟語「巧言令色」はここが典拠。

【出典】『論語』学而

【原文】巧言令色、鮮矣仁。

一月二日

言葉

口は是禍の門、舌は是身を斬る刀

意味◉ 口は災難を導き入れる入り口のようなものであり、舌は自分の身を斬る刀のようなものである。不用意な発言は、自らに災難を招くもととなるということ。

参考◉ 馮道の詩「舌」の詩句で、この後に「口を閉じ深く舌を蔵せば、処処牢し」とある。わが国の俗諺「口は禍のもと」の原形であろう。

【出典】『古今事文類聚』後集十九・口

【原文】口是禍之門、舌是斬ㇾ身刀。

一月三日

生き方

倉廩実ちて則ち礼節を知り、衣食足りて則ち栄辱を知る

意味◉ 穀物倉がいっぱいになって初めて人は礼儀について理解し、衣服や食料が十分になって初めて人は栄誉や恥辱について理解する。生活にゆとりができて初めて人は道徳心をもつようになるのである。「倉廩」は穀物をおさめる倉。

参考◉ わが国では、「衣食足りて礼節を知る」という形で人口に膾炙している。

【出典】『管子』牧民

【原文】倉廩実則知二礼節一、衣食足則知二栄辱一。

一月四日

生きる指針

功は成り難く敗れ易し、時は得難く失い易きなり

意味◉ 功業は成就しがたく失敗しやすいものであり、機会は得がたく失いやすいものである。

参考◉ 斉を制圧した韓信に遊説家蒯通が、劉邦の漢に背くチャンスは今しかないと、説いたときのことば。

【出典】『史記』淮陰侯列伝

【原文】功者難レ成而易レ敗、時者難レ得而易レ失也。

一月五日

教える・学ぶ

読書は簡要に趨き、言説は雑冗を去る

意味◉書を読むにあたっては簡明で要を得たものであるように努め、言説は雑駁、煩雑であることを避けよ。

参考◉欧陽脩が後輩に贈った学問のための注意のことば。

【出典】北宋、欧陽脩詩「送焦千之秀才」

【原文】読書趨簡要、言説去雑冗。

一月六日

人物

恒産有る者は、恒心有り。恒産無き者は、恒心無し

意味◉一定の職業のある者には、一定不変の道徳心がある。しかし、一定の職業のない者は、動揺しやすく、心を一定に保つことができない。

参考◉滕（周代の国名。大国斉と楚の間の小国。現在の山東省滕県の西南）の文公に対し、孟子は、治国の基本は人民の生活の安定をはかることにあると説いた。

【出典】『孟子』滕文公・上

【原文】有恒産者、有恒心。無恒産者、無恒心。

一月七日

ものの見方

一翳眼に在れば、空華乱墜す

意味◉目にちょっとでも病があると、花のようなものがちらちら舞い落ちるのが見える。小さな心の迷いや煩悩が、妄想をかきたて、真理を見えなくすることのたとえ。「翳」はかげ、かすみの意。「空華」は実在しないのに見える花。煩悩からおこる妄想をいう。

参考◉帰宗法常禅師が、悩んでいる芙蓉霊訓禅師に言ったことば。

【出典】『景徳伝灯録』十

【原文】一翳在レ眼、空華乱墜。

一月八日

生き方

寧ろ鶏口と為るも、牛後と為る無かれ

意味◉大きなものの後ろについて甘んじているよりは、いっそ小さくともよいから頭に立ったほうがよい。

参考◉蘇秦が秦に仕えようとする韓の宣王を、説き伏せて六国で同盟して秦に対抗する合従に加えようとしたときに、引用したことば。

【出典】『史記』蘇秦列伝

【原文】寧為二鶏口一、無レ為二牛後一。

一月九日

心境

苛政は虎よりも猛なり

意味◉人民を苦しめる苛酷な政治は、虎よりもおそろしいものである。

参考◉孔子が泰山のふもとを通り過ぎたとき、ある婦人が墓前で泣いているのを見、弟子の子路にその理由をたずねさせた。すると婦人は、「舅も夫も虎に食い殺され、今度は子供が虎に殺されました」と答えた。「ではなぜよその地へ移らないのか」とたずねたところ、「この地ではむごい政治が行なわれていないからです」と答えた。そこで孔子は弟子たちにむかって、「苛政は虎よりも猛なり」ということを覚えておくようにと言ったという故事に基づく。

【出典】『礼記』檀弓・下

【原文】苛政猛二於虎一也。

一月十日

人物

功を使うは過を使うに如かず

意味◉ すでに功績をあげた者を用いるより、以前に失敗をおかしたものを許して用いたほうが、よい仕事をする。失敗をおかしたものは、それを償おうと、また、再び用いてくれた恩恵にこたえようと、奮闘努力するものだから。

【出典】『後漢書』索盧放伝

【原文】 使㆑功者不㆑如㆑使㆑過。

一月十一日

師弟・友人

二人心を同じくすれば、其の利きこと金を断つ

意味◉ 君子二人が心を同じくすれば、その鋭利さは金属を断ち切るほどになる。

参考◉ 孔子のことば。この一文から、固い友情を「断金の交わり」という。

【出典】『易経』繋辞上伝

【原文】 二人同㆑心、其利断㆑金。

一月十二日

人生訓

他（た）の弓（ゆみ）挽（ひ）く莫（なか）れ、他（た）の馬（うま）騎（の）る莫（なか）れ

意味◉ 他人の弓を引いてはいけない。他人の馬に乗ってはいけない。他人のことにむやみにかかわってはいけない、ということ。

【出典】『無門関（むもんかん）』第四十五則

【原文】他弓莫㆑挽、他馬莫㆑騎。

一月十三日

ものの見方

大行（たいこう）は細謹（さいきん）を顧（かえり）みず、大礼（たいれい）は小譲（しょうじょう）を辞（じ）せず

意味◉ 大きな事をなす際には、些細な礼儀にかまっている必要はなく、大きな礼節が守られていれば、微小な謙遜など問題ではない。

参考◉ 鴻門（こうもん）の会（かい）から脱出する際に、項羽（こうう）に何の挨拶もしてこなかったことを気にかける漢（かん）の高祖（こうそ）劉邦（りゅうほう）に、樊噲（はんかい）が言ったことば。

【出典】『史記（しき）』項羽本紀（こううほんぎ）

【原文】大行不㆑顧㆓細謹㆒、大礼不㆑辞㆓小譲㆒。

一月十四日

心境

人生意気に感ず、功名誰か復た論ぜん

意味●人生は人の心意気に感じて事を行なうものだ。功名などのことを誰が問題にしようか。

参考●魏徴は一時李世民（のちの唐の太宗）の敵対勢力に加わるが、のち李世民が皇帝に就くと諫臣として重用される。皇帝のために働こうという強い意志と悲壮の気概を述べた詩。

【出典】初唐、魏徴詩「述懐」

【原文】人生感二意気一、功名誰復論。

一月十五日

世の習い

人間別れて久しきは悲しみを成さず

意味●この世では離別してから長い時がたてば悲しみもうすれてしまって、初めのころの強い悲哀はなくなってしまう。

参考●正月十五日の元宵節の日に、昔別れた恋人を夢に見てうたった詞。別れた当時の悲しみの情を懐かしみ、人の世の習いを嘆く。

【出典】南宋、姜夔詞「鷓鴣天」元夕有レ所レ夢

【原文】人間別久不レ成レ悲。

一月十六日

善・悪

悪を悪むは其の始めを疾み、善を善しとするは其の終わりを楽しむ

意味● 悪いことをした人をにくむのに、始めだけをにくみ、いつまでもにくみ続けるべきではない。反対に、善いことをした人をほめるのに、最後までその善行をほめたたえ楽しむべきである。

【出典】『春秋穀梁伝』僖公十七年

【原文】悪レ悪疾二其始一、善レ善楽二其終一。

一月十七日

人生訓

殷鑑遠からず、夏后の世に在り

意味● 殷が鑑とすべきものは遠い時代にあるのではない、前王朝の夏にあるのである。「夏后」は夏の君の意。

参考● 夏の最後の君主であった桀は、その政治が無道であったために殷の湯王に滅ぼされたのである。この諫言は当時の暴君紂王に対して発せられたものである。

【出典】『詩経』大雅・蕩

【原文】殷鑑不レ遠、在二夏后之世一。

一月十八日

実行・行動

戦戦兢兢として、深淵に臨むが如く、薄氷を履むが如し

意味◉畏れ慎むのは、深い淵に臨んでいるようであり、薄くはった氷を踏むようである。

参考◉つねに慎重に物事に対処することが必要であることをいう。「戦戦」は畏れおののくこと。「兢兢」は自らを戒め慎むこと。日本での用字では「戦戦恐恐」とも書かれる。成句「薄氷を履む」の典拠。

【出典】『詩経』小雅・小旻

【原文】戦戦兢兢、如レ臨二深淵一、如レ履二薄氷一。

一月十九日

努力

人一たびして之を能くすれば、己は之を百たびす

意味◉他人は一回でできるのであれば、自分は百倍の努力をしよう。続けて「人十たびして之を能くすれば、己は之を千たびす」とある。このようにすれば、愚鈍な人でも徳を完成することができる。

【出典】『中庸』二十章

【原文】人一能レ之、己百レ之。

一月二十日

時間

少壮年月を軽んじ、遅暮光輝を惜しむ

意味◉若くさかんな頃は年月をおろそかにしてしまうが、人生の暮れ方をむかえると光が輝くような時の大切さを惜しむようになる。

参考◉詩題の「諸遊旧」は昔の友人たち。故郷を離れてからの自分の仕事や学問をあれこれ思い、昔一緒に遊んだ友人たちをなつかしく思い出しながら、感懐を述べた詩である。

【出典】南朝梁、何遜詩「贈諸遊旧」

【原文】少壮軽年月、遅暮惜光輝。

一月二十一日

心境

千人心を同じくすれば、則ち千人の力を得、万人心を異にすれば、則ち一人の用無し

意味◉千人が心を一つにすれば、千人分の力が得られるが、万人がいても心がばらばらで一つでなければ、一人分の役にもたたない。「用」は働き。

【出典】『淮南子』兵略訓

【原文】千人同心、則得千人之力、万人異心、則無一人之用。

一月二十二日

知識・知恵

老馬の智、用うべし

意味◉年老いた馬の知恵ですら役に立つ。自分の知らないことを教えてくれるのであれば、老馬ですら師とすべきである。

参考◉以下の挿話をふまえる。斉の桓公が管仲、隰朋とともに孤竹国に遠征し、冬になって帰ろうとした。途中道に迷い、難渋していると、管仲が「老馬の知恵が役に立つであろう」と進言し、老馬に道案内をさせて事無きを得た。

【出典】『韓非子』説林・上

【原文】老馬之智、可レ用也。

一月二十三日

反省・慎み

自屎は臭きことを覚えず

意味◉便所が臭いことは誰もが気付くが、自分のした糞のせいで臭いことにはなかなか気付かない。他人の欠点はすぐに目につくが、自分の欠点には気付きづらいことのたとえ。「屎」は大便。

【出典】『碧巌録』第七十七則・著語

【原文】自屎不レ覚レ臭。

一月二十四日

他山(たざん)の石(いし)、以(もっ)て玉(たま)を攻(おさ)むべし

意味◉ 他国の山の石でも、玉を磨くのに使うことができる。

参考◉ 自国の者だけでなく他国の者も、たとえ身分が低くとも賢人であれば登用すべきであるという治国の策をたとえていう。転じて他人の誤った言行を自らの修養に役立てる意に用いられる。

【出典】 『詩経(しきょう)』小雅(しょうが)・鶴鳴(かくめい)

【原文】 他山之石、可二以攻一レ玉。

一月二十五日

学(まな)ぶに暇(いとま)あらずと謂(い)う者(もの)は、暇(いとま)ありと雖(いえど)も亦(また)学(まな)ぶこと能(あた)わず

意味◉ 学問をするのに時間がないと言う者は、たとえ時間があっても学問をすることなどできない。他のことに託(かこつ)けてやるべきことができない者は、真にやる気のある者とはいえないのである。

【出典】 『淮南子(えなんじ)』説山訓(せつざんくん)

【原文】 謂二学不一レ暇者、雖レ暇亦不レ能レ学矣。

一月二十六日

教える・学ぶ

教学相長(きょうがくあいちょう)ずるなり

意味◉教えることと学ぶこととがあいまって向上する。

参考◉『礼記(らいき)』に古語として引用されたものであるが、直接には、「学(まな)びて然(しか)る後(のち)に足(た)らざるを知り、教(おし)えて然(しか)る後(のち)に困(くる)しむを知(し)る（『礼記』学記(がくき)）」によって導かれた結びのことば。

【出典】『礼記(らいき)』学記(がくき)

【原文】教学相長也。

一月二十七日

自然・故郷

山中暦日無(さんちゅうれきじつな)し、寒尽(かんつ)くれども年(とし)を知(し)らず

意味◉山中の暮らしには暦(こよみ)もないので、寒気が尽きて春になっても新しい年が何年かを知らない。

【出典】唐(とう)、太上隠者(たいじょういんじゃ)詩「答(ひとにこたう)レ人」

【原文】山中無二暦日一、寒尽不レ知レ年。

一月二十八日

実行・行動

巧を弄して拙を為すは、蛇を為りて足を画くがごとし

意味◉あれこれ技巧や策をこらしても結局うまくいかないというのでは、それは蛇の絵を描いて足を描き入れるようなものである。

参考◉小手先の技術がうまくても意味がない、無用なことをいう。「為㆑蛇画㆑足」は「蛇足」として知られる『戦国策』斉策の故事である。

【出典】北宋、黄庭堅「拙軒頌」

【原文】弄㆑巧為㆑拙、為㆑蛇画㆑足。

一月二十九日

生き方

財を積むこと千万なるも、薄伎身に在るに如かず

意味◉千万という巨額の財産を築くよりは、ちょっとした技能を身につけるほうがよい。たとえ巨万の財産であっても遣えばなくなってしまうが、身についた技能は使ってもなくならないのである。

参考◉『顔氏家訓』の作者顔之推は、これに続けて読書の重要性を説く。彼は、世の人が皆読書の価値を認めながらも読書にいそしまぬことを嘆く。

【出典】『顔氏家訓』勉学

【原文】積㆑財千万、不㆑如㆓薄伎在㆒㆑身。

一月三十日

知る

瓶中の氷を睹て、天下の寒きを知る

意味● 瓶の中の水が凍っているのを見て、世の中が寒くなったことを知る。身近なことから深遠なことを類推するたとえ。「睹」は見る。

【出典】『淮南子』説山訓

【原文】睹二瓶中之氷一、而知二天下之寒一。

一月三十一日

見る

一目の視るや、二目の視るに若かず

意味● 一つの目で見るよりは、二つの目で見るほうがよい。

参考● 君主を補佐する人物が必要であることを言うために、墨子が引用した古語。

【出典】『墨子』尚同・下

【原文】一目之視也、不レ若二二目之視一也。

二月一日

生きる指針

良薬は口に苦けれども病に利あり、忠言は耳に逆らえども行ないに利あり

意味◉よい薬は苦くて飲みにくいが、病気によく効くように、諫言や忠告はなかなか素直に聞き入れにくいが、行ないの助けとなる。

【出典】『説苑』正諫

【原文】良薬苦㆓於口㆒利㆓於病㆒、忠言逆㆓於耳㆒利㆓於行㆒。

二月二日

生き方

好事門を出でず、悪事千里を行く

意味◉善行をした評判はなかなか広まらないのに対し、悪い評判はみるみるうちに遠方まで伝わるものである。悪事を戒める諺。

参考◉「悪事千里を走る」の形でも用いられる。

【出典】『北夢瑣言』六

【原文】好事不㆑出㆑門、悪事行㆓千里㆒。

二月三日

ものの見方

朝は三つにして暮れに四つにす。朝は四つにして暮れに三つにす

意味● 飼っている猿に、とちの実を朝三つ、夕方に四つやろうと言ったら皆怒ったので、朝四つ、夕方に三つやろうと言ったら皆喜んだ。実際は同じなのに、目先の違いにごまかされることのたとえ。口先で巧みに人をだまし、あやつることのたとえ。転じて、生計、命をつなぐだけの生活。「朝三暮四」の典拠。

【出典】『荘子』斉物論

【原文】朝三而暮四。朝四而暮三。

二月四日

成長・進歩

大器は晩成し、大音は希声、大象は形無し

意味● 大きな器は完成するのが遅く、大きな音はかえってほとんど聞こえず、大きな形はかえってその形を目にとらえることができない。

参考● 「大器晩成」は転じて、大きな器量の持ち主、偉大な人物は大成するのに時間がかかる、ふつうよりおくれて頭角を現わすたとえとして用いる。

【出典】『老子』四十一章

【原文】大器晩成、大音希声、大象無形。

二月五日

継続・積み重ね

九層(きゅうそう)の台(だい)は、累土(るいど)に起(お)こり、千里(せんり)の行(こう)は、足下(そっか)に始(はじ)まる

意味◉九層の高台ももっこ一杯の土を積み重ねることから始まり、千里の道も足もとの一歩から始まる。

参考◉無為自然に生きる聖人の実直で慎重な人生態度を述べた老子(ろうし)のことば。

【出典】『老子(ろうし)』六十四章

【原文】九層之台、起二於累土一、千里之行、始二於足下一。

二月六日

名誉

得失(とくしつ)は一朝(いっちょう)にして、栄辱(えいじょく)は千載(せんざい)なり

意味◉物質的な利益や損害によって受けるものは、一時的なものにすぎないが、名誉を得るか、恥辱をこうむるかといった問題は、千年後までにかかわる重大なものである。

参考◉荀悦(じゅんえつ)の『申鑒(しんかん)』の中のことば。

【出典】『後漢書(ごかんじょ)』荀悦伝(じゅんえつでん)

【原文】得失一朝、而栄辱千載。

二月七日

教える・学ぶ

学びて思わざれば則ち罔し。思いて学ばざれば則ち殆し

意味◉ 他から学ぶだけでみずから思索することがなければ、物事の道理をはっきりとつかむことはできない。自分で思索ばかりしていて他から学ぼうとしなければ、ひとりよがりに陥って危険だ。「罔」はぼんやりしているようす。

【出典】『論語』為政

【原文】学而不レ思則罔。思而不レ学則殆。

二月八日

心境

山中の賊を破るは易く、心中の賊を破るは難し

意味◉ 山中の賊を破ることはやさしいが、心中の賊を破るのはむつかしい。邪心・私心をおさえ自律することの困難さを述べたことば。

【出典】明、王陽明「与二楊仕徳薛尚誠一書」

【原文】破二山中賊一易、破二心中賊一難。

二月九日

人物

猛獣は伏し易く、人心は降し難し。谿壑は満たし易く、人心は満たし難し

意味◉猛獣を屈伏させることは易しいが、人の心を降伏させるのは難しい。深い谷を埋めることは易しいが、人の心を満足させるのは難しい。

参考◉この条は「語に云う」とされるが出典は未詳。人の心というものは、思い通りになるものではないことをいう。

【出典】『菜根譚』後集六十五

【原文】猛獣易レ伏、人心難レ降。谿壑易レ満、人心難レ満。

二月十日

実行・行動

鶏を割くに焉んぞ牛刀を用いん

意味◉鶏をさばくのに、どうして牛切り用の大きな包丁が必要があろうか。小さな事を行なうのに、大げさな手段は必要ないというたとえ。

【出典】『論語』陽貨

【原文】割レ鶏焉用二牛刀一。

二月十一日

心境

人水を飲んで冷暖自ら知る

意味◉水の冷たさは、実際に水を飲んだ人が自分で実感するものである。悟りの境地はことばでは伝えがたく、自分で実感するものであることのたとえ。

【出典】『無門関』第二十三則

【原文】人飲ㇾ水冷暖自知。

二月十二日

教える・学ぶ

正学を務めて以て言え、曲学以て世に阿ること無かれ

意味◉正しい学問にはげみ、それに基づいて発言せよ。正しい学問の真理を曲げて、世間にこびへつらってはいけない。

参考◉前漢の武帝が即位したとき、賢良の士として九十余歳にして再び朝廷に召された轅固生が同様に召された若い公孫弘を戒めたことば。「曲学阿世」の出典。

【出典】『史記』儒林列伝

【原文】務二正学一以言、無二曲学以阿ㇾ世。

二月十三日

困難・再起

雪後始めて知る松柏の操、事難くして方めて見る丈夫の心

意味◉雪が降ってはじめて松や柏（ヒノキ科の植物をさす）が常緑であることがわかる。物事が難しい時にはじめて立派な人物の才能が発揮される。

参考◉松や柏が一年中その色を変えないところから、人にかたい節操のあることを「松柏の操」という。

【出典】『聯灯会要』十二

【原文】雪後始知松柏操、事難方見丈夫心。

二月十四日

言葉

衆口は金を鑠かし、積毀は骨を銷かす

意味◉多くの人のことばは、金属でさえも溶かしてしまい、とくに悪口が積み重なると、人の骨までも溶かしてしまう。「鑠」、「銷」はともに「溶かす」の意。

参考◉連衡論者である張儀が魏の哀王に秦との同盟をすすめる際に引用したことば。

【出典】『史記』張儀列伝

【原文】衆口鑠ㇾ金、積毀銷ㇾ骨。

二月十五日

人生

人生七十古来稀なり（じんせいしちじゅうこらいまれなり）

意味◉ 七十歳まで生きる人は、昔からめったにいない。

参考◉ 出典の題名の「曲江（きょくこう）」は、長安にある景勝の地。曲江の春景色の中で酒に酔いしれる心境を、「どうせ短い人生なのだから」と述べた句。七十歳を「古稀（こき）」とよぶのはこの句を典拠とする。

【出典】盛唐（せいとう）、杜甫（とほ）詩「曲江（きょくこう）」

【原文】人生七十古来稀。

二月十六日

教える・学ぶ

読（よ）むこと十遍（じっぺん）なるは、写（うつ）すこと一遍（いっぺん）なるに如（し）かず

意味◉ 書物は、それを十回読むよりも、一回書き写すことでよりよく理解することができる。

参考◉ 宋（そう）の皇帝の高宗（こうそう）が大臣の徐俯（じょふ）に語ったことばとして引用されたもの。徐俯が高宗に『後漢書（ごかんじょ）』の「光武帝紀（こうぶていき）」を読むことを勧めたのに対し、高宗はそれを書き写して徐俯に与えてこう言った。

【出典】南宋（なんそう）、羅大経（らたいけい）『鶴林玉露（かくりんぎょくろ）』

【原文】読十遍不レ如二写一遍一。

二月十七日

天・地・人

天網は恢恢、疏にして失わず

意味◉天の網は広く大きく、その目は粗いが何一つ取り逃がすことはない。「恢恢」は広く大きいさま。「疏」は目の粗いこと。

参考◉人為による刑罰を批判し、天の理法による裁きに任せて無為の政治を行なうべきことを述べたことば。「天網恢恢、疏にして漏らさず」の語形で流布している。

【出典】『老子』七十三章

【原文】天網恢恢、疏而不失。

二月十八日

幸福・不幸

禍福は地中より出づるに非ず、天上より来るに非ず、己自ら之を生ずるなり

意味◉不幸や幸福は、地から湧いてくるものでもなく、天から降ってくるものでもない。ただ自分がどのように振る舞ったかにより、その結果生じるものでしかないのである。

【出典】『説苑』説叢

【原文】禍福非下従二地中一出上、非下従二天上一来上、己自生レ之。

二月十九日

道は邇しと雖も、行かざれば至らず、事は小なりと雖も、為さざれば成らず

実行・行動

意味◉道はたとえ近くとも、歩いて行かなければ到達することはできないし、事柄はたとえ小さなことでもやろうとしなければ成すことはできない。

参考◉事物の大小にかかわらず、何事にも一心に向かうことによってのみ、目標は達成されるのであり、怠慢であったならば、何事も成すことはできない。

【出典】『荀子』脩身

【原文】道雖邇、不行不至、事雖小、不為不成。

二月二十日

尾を塗中に曳く

生き方

意味◉泥の中に尾をひきずる。亀にとっては、殺されて堂上で神亀とあがめられるより、泥の中で自由に生きるほうを望むであろうということ。地位を得て不自由となるより、無位でも自由であるほうがよいというたとえ。「塗」は「泥」に同じ。

【出典】『荘子』秋水

【原文】曳尾於塗中。

二月二十一日

心境

人にして遠き慮り無ければ、必ず近き憂い有り

意味◉ 人間として遠い先までの配慮がないようでは、きっと身近に心配事が起こるものである。

参考◉ 目先のことにとらわれて深慮遠謀がなければ、身近なところで破綻をきたしてしまうことを戒めた孔子のことば。また、このことばは「遠慮無ければ近憂有り」と表現されることも多い。

【出典】『論語』衛霊公

【原文】人而無二遠慮一、必有二近憂一。

二月二十二日

時

得難くして失い易き者は、時なり

意味◉ 簡単に手に入れることができず簡単に失ってしまうものは、時である。好機となる時を逃してはならないということ。

【出典】『後漢書』皇甫嵩伝

【原文】難レ得而易レ失者、時也。

二月二十三日

努力

力は貧に勝ち、慎みは禍に勝つ

意味● 努力は貧困を打ち破り、慎重であることは災難を遠ざける。「力」は精を出して仕事に励むこと。

参考●「力は貧に勝つ」は「稼ぐに追いつく貧乏なし」ということ。

【出典】『論衡』命禄

【原文】力勝レ貧、慎勝レ禍。

二月二十四日

自然・故郷

遺愛寺の鐘は枕を欹てて聴き、香炉峰の雪は簾を撥げて看る

意味● 遺愛寺の鐘は枕をななめに立てて、耳を澄まして聴き、香炉峰の雪は簾を上げて眺める。

参考● 日本の古典によく引用される句である。清少納言『枕草子』に見える、中宮定子から「香炉峰の雪は」とたずねられて、簾を高く巻き上げたというエピソードは有名である。

【出典】中唐、白居易詩「香炉峰下新卜二山居一、草堂初成、偶題二東壁一」

【原文】遺愛寺鐘欹レ枕聴、香炉峰雪撥レ簾看。

二月二十五日

呑舟(どんしゅう)の魚(うお)は、枝流(しりゅう)に游(あそ)ばず、鴻鵠(こうこく)は高(たか)く飛(と)んで、汚池(おち)に集(あつ)まらず

意味◉舟をひと飲みにするような大きな魚は、小さな支流には泳がず、おおとりの類は空高く飛んで、水たまりには集まってこない。大いなる志を有する人物は、小事にはこだわらないことをいう。「呑舟の魚」は舟をひと飲みにするような大きな魚、「鴻鵠」は大きな鳥の類で、ともに大人物を意味する。

参考◉楊朱(ようしゅ)が、梁王(りょう)に「天下を治めることは手の平の上で物をころがすように容易である」と言ったところ、王が「先生は家庭の中もうまく治められないのに、天下を治めることが容易であるというのは、どういうことか」と反問された時の楊朱のことば。

【出典】『列子(れっし)』楊朱(ようしゅ)

【原文】呑舟之魚、不㆑游㆓枝流㆒、鴻鵠高飛、不㆑集㆓汚池㆒。

二月二十六日

知る

之を知るを之を知ると為し、知らざるを知らずと為す。是知るなり

意味◉わかっていることを知っていることだとし、わからないことを知らないことだとする。これが本当に知るということだ。

参考◉孔子が弟子の子路に向かって知るということを教え諭したことば。子路は率直で勇敢であったが、熟慮せずに事を断ずる傾向があった。

【出典】『論語』為政

【原文】知㆑之為㆑知㆑之、不㆑知為㆑不㆑知。是知也。

二月二十七日

今女は画れり

意味◉おまえは、自分の力量にはじめから限界を決めてかかっている。「女」は「汝」に同じ。「画」とは、自分から限界線を引いて、それ以上前進しようとしないこと。

参考◉師の説く道を実行するには自分は力不足であると述べた弟子の冉有に対し、戒め激励するために孔子が語ったことば。

【出典】『論語』雍也

【原文】今女画。

二月二十八日

知識・知恵

知る者は言わず、言う者は知らず

意味◉真の知者は何も言わず、ことば多い者は実は何もわかっていない。「知」はここでは世俗的な人知を超越したものをさす。

参考◉老子はいわゆる忘言忘知の境地に到ってはじめて、玄妙なる無為自然の道との合一が実現されると説く。

【出典】『老子』五十六章

【原文】知者不レ言、言者不レ知。

二月二十九日

言葉

険言は忠に似たり、故に受けて詰らず

意味◉厳しいことばにこそ忠義の精神というものが感じられるのであって、だからこそ、その忠告を聞き入れるべきで、決して詰ったりしてはいけない。

参考◉甘いことばでほめそやすことは、誰にでもできるのである。むしろ、諫言こそ自らの利を求めず発せられる誠忠の言なのである。

【出典】『新唐書』后妃伝

【原文】険言似レ忠、故受而不レ詰。

三月一日

教える・学ぶ

学べば則ち固ならず

意味◉学問をすれば頑迷固陋でなくなる。「固」は頑固でひとりよがりなこと。

参考◉人の上に立つ君子たる者の心構えを述べた孔子のことば。見識が狭いと一つの考えに固執して頑固になりがちであるが、学問をすることによってさまざまな考えを知り、視野を広げ思考も柔軟になる。

【出典】『論語』学而

【原文】学則不㆑固。

三月二日

ものの見方

非常の事は、何ぞ旧に循うを得んや

意味◉今まで行なったことのない事業を成し遂げて大功をあげようと思えば、どうして過去の先例どおりのやり方を踏襲することができようか。

【出典】『三国志』呉書・鍾離牧伝

【原文】非常之事、何得㆑循㆑旧。

力山を抜き気は世を蓋う

意味● わが力は山を引き抜くほどもあり、気力は天下を蓋うに足る。並外れた力と意気のあるさま。

参考● 詩は以下「時利あらず騅逝かず、騅の逝かざる奈何すべき、虞や虞や若を奈何せん」と続く。一時は天下の覇者として、まさに山を引き抜き、天下を蓋い尽くすほどの並外れた力と意気を見せた楚の項羽も、時勢に利を失い、漢の劉邦によって垓下の地に追いつめられる。項羽の軍を完全に方囲した漢軍の陣から、ある夜故郷の楚の歌が流れるのを聞いて、故郷はすでに漢の手に落ちたものと思い込み、項羽は寵姫虞美人（美人は妃の位の一つ）を伴い最後の宴を開く。そこで天運尽きた自らを思い、悲歌忼慨（心を激しくたかぶらせて悲しげに歌う）して作った詩がこれであるという。『史記』項羽本紀のこのくだりは人口に膾炙し、本項の句から「抜山蓋世」の成語が生まれた。

【出典】秦、項籍「垓下歌」

【原文】力抜㆑山兮気蓋㆑世。

三月四日

自然・故郷

烽火三月に連なり、家書万金に抵る

意味◉ 戦ののろし火は春三月になっても、やもうとしない。そんな中、家族から届く手紙は、万金の価値がある。

参考◉ 「春望」の第五・六句。作者は安禄山の乱の賊軍に捕えられて長安に幽閉され、家族とは離ればなれになっている。「三月」を「三か月」と解し、のろし火は三か月の間続いている、とする説もある。その場合には「三月」と読む。

【出典】 盛唐、杜甫詩「春望」

【原文】 烽火連二三月一、家書抵二万金一。

三月五日

教える・学ぶ

書は多く看るを必せず、其の約を知らんことを要す

意味◉ 書物は多く読むよりも、むしろ精読によって要約を知ることのほうが肝要である。

参考◉ 学問を修めるために書を読むに当たっては、自分の身にひきつけて自分のものにできるような読書法を勧めている。

【出典】 『近思録』巻三

【原文】 書不レ必二多看一、要レ知二其約一。

三月六日

遠難に備うることを知りて、近患を忘る

意味◉遠い先の心配事に備えることはわかっていても、すぐ近くに迫るわざわいへの備えは忘れてしまう。

参考◉「烏鵲の智」を説明したもの。かささぎは風の多い年を予知し、あらかじめ低い枝に巣を作るが、そのために人にひな鳥や卵を盗られたりするのである。このように遠謀はあっても身近に迫る禍への対処ができぬことを「烏鵲の智」という。

【出典】『淮南子』人間訓

【原文】知レ備ニ遠難一、而忘ニ近患一。

三月七日

山は土を辞せず、故に能く其の高きを成す

意味◉山は土をこばまないので、あれほどの高さとなることができる。いろいろな物を受け入れる度量の広さがないと、人間的な成長は見込めないということ。

【出典】『管子』形勢解

【原文】山不レ辞レ土、故能成ニ其高一。

三月八日

自然・故郷

春眠暁を覚えず、処処啼鳥を聞く

意味◉春の眠りはここちよく夜が明けたのにも気づかない。もうあちらこちらに鳥の啼く声が聞こえる。

参考◉春のあけぼの、寝床の中にあってうつらうつらしながら、戸外の春を思ってうたった詩。後半の二句は「夜来風雨の声、花落つること知んぬ多少ぞ（そういえば、ゆうべは風雨の音がしていたが、花はどれほど散ってしまっただろうか）」である。

【出典】盛唐、孟浩然詩「春暁」

【原文】春眠不レ覚レ暁、処処聞二啼鳥一。

三月九日

天地は万物の逆旅にして、光陰は百代の過客なり

意味◉天地は万物が短い一生をとどめる宿屋のようなものであり、月日は永遠に休まず過ぎ去る旅人のようなものである。「逆旅」は宿屋。「光陰」は年月、時間。「過客」は通り過ぎる旅人。

参考◉春の夜に、桃や李の咲く園で従弟たちと宴を催して参会者の作った詩をまとめてその序文として書いた文章。

【出典】盛唐、李白詩「春夜宴二桃李園一序」

【原文】天地者万物之逆旅、光陰者百代之過客。

三月十日

始め(はじ)は易(やす)く、終(お)わりは難(かた)し

意味◉初めは容易だが、終わりは難しい。

参考◉楚(そ)の臣の黄歇(こうあつ)が、秦(しん)の昭襄王(しょうじょうおう)に、いま遠国の楚を討つことは隣国の韓(かん)・魏(ぎ)を助けることにつながり、のちに秦にとって大禍となると警告したときのことば。さらに、楚と連合して韓・魏にあたることが良策であると説く。

【出典】『戦国策(せんごくさく)』秦策(しんさく)

【原文】始之易、終之難。

三月十一日 人生訓

成立(せいりつ)の難(かた)きは、天(てん)に升(のぼ)るが如(ごと)く、覆墜(ふくつい)の易(やす)きは、毛(け)を燎(や)くが如(ごと)し

意味◉物事を成就させることの難しさは天に昇るように困難だが、失敗することは毛を焼くように容易なことである。

参考◉唐(とう)の柳玭(りゅうひん)が家訓として子孫を戒めて述べたことばで、『唐書(とうじょ)』柳玭伝に見える。

【出典】『小学(しょうがく)』嘉言(かげん)

【原文】成立之難、如レ升レ天、覆墜之易、如レ燎レ毛。

三月十二日

生き方

軽諾は必ず信寡く、易しとすること多ければ必ず難きこと多し

意味◉物事を軽々しく引き受けるような者は、必ず信義が薄く、物事を侮ってかかると必ず困難に遭う。「軽諾」は安請け合い。「信寡く」は真実味に欠けるの意。

参考◉道を体得した聖人の、慎重で周到な人生態度を述べた老子のことば。

【出典】『老子』六十三章

【原文】軽諾必寡レ信、多レ易必多レ難。

三月十三日

人生

吾十有五にして学に志す

意味◉私は十五歳のとき学問を志した。

参考◉孔子が自らの生涯をふりかえって言ったことば。ここより十五歳を「志学」という。

【出典】『論語』為政

【原文】吾十有五而志二乎学一。

三月十四日

今春看すみす又過ぐ、何れの日か是帰年ならん

意味◉今年の春もみるみるうちに過ぎ去ってゆく。いつになったら故郷に帰れる年がくるのだろう。

参考◉安禄山の乱による混乱を避けて、四川の地にいた頃の作。杜甫には望郷の思いを詠じた作が多いが、その思いは果たせずに没する。前半では「江は碧にして鳥逾白く、山は青くして花然えんと欲す」と詠じる。

【出典】盛唐、杜甫詩「絶句」

【原文】今春看又過、何日是帰年。

三月十五日

伝聞は親見に如かず、景を視るは形を察るに如かず

意味◉人から伝え聞いた知識は、自分の目で見た実際の体験には及ばない。それは、物の影を見るよりも、実体その物を調べてみたほうが正しい姿を知ることができるのと同じである。

【出典】『後漢書』馬援伝

【原文】伝聞不ㇾ如㆓親見㆒、視ㇾ景不ㇾ如ㇾ察ㇾ形。

三月十六日

人生は白駒の隙を過ぐるが如し

時間

意味● 人の一生は、白い馬が疾走する姿を、壁のすき間からのぞいているぐらい早く過ぎ去るものである。光陰矢の如し。「白駒」は白毛の馬。光陰、歳月の意にも用いる。「隙」は壁穴。

参考● 北宋の太祖趙匡胤のことば。

【出典】『十八史略』宋・太祖皇帝

【原文】人生如ニ白駒過レ隙。

三月十七日

学は以て已むべからず

教える・学ぶ

意味● 学問とは、途中でやめてはならない。

参考● 出典の「勧学」という篇名は、学問を勧める意で、その冒頭に「君子」つまり、徳の高い人物のことばを引用する形で掲げられているのが、この言である。

【出典】『荀子』勧学

【原文】学不レ可ニ以已一。

三月十八日

自然・故郷

孤帆の遠影碧空に尽き、唯見る長江の天際に流るるを

意味◉一そうの遠ざかる帆影が青空の中に消えていき、ただ長江の流れが空のはてまで続いているのを見るばかりだ。

参考◉詩題の「黄鶴楼」は湖北省武昌の西、長江の岸にある楼。「広陵」は江蘇省揚州。作者が友人の孟浩然（盛唐の詩人）が揚州へ下る旅を送る時の作品。

【出典】盛唐、李白詩「黄鶴楼送㆔孟浩然之㆓広陵㆒」

【原文】孤帆遠影碧空尽、唯見長江天際流。

三月十九日

生きる指針

仰ぎて天に愧じず、俯して人に怍じず

意味◉己の行ないが清く正しく、仰いでは天に対して恥じることがなく、俯しては人に対して恥じることがない。「愧」、「怍」はともに恥じ入ること。「俯仰天地に愧じず」の語形でも用いられる。

参考◉このことばは、「君子の三楽（君子の三つの楽しみ）」の第二のものとして挙げられている。

【出典】『孟子』尽心・上

【原文】仰不㆑愧㆓於天㆒、俯不㆑怍㆓於人㆒。

三月二十日

心境

大怨を和するも、必ず余怨有り

意味◉たいへん深い怨みは、和らげようとしたところで、必ず後々しこりが残るものである。「余怨」は「大怨」のしこりを意味する。

参考◉怨みごとを和らげようとするよりは、はじめから怨みを抱かない無為自然の生き方のほうがまさっていることを暗に示したことば。

【出典】『老子』七十九章

【原文】和二大怨一、必有二余怨一。

三月二十一日

成長・進歩

貧賤憂戚は、庸て女を成に玉にす

意味◉貧賤や憂い悲しみは、汝を玉のように立派にしてくれるものなのである。

参考◉苦しい状態に身を置くことは、天がおまえを鍛えて立派な者にしようとしているのだと自覚しなさいという意。

【出典】『近思録』巻二

【原文】貧賤憂戚、庸玉二女於成一也。

三月二十二日

自然・故郷

春宵一刻直千金、花に清香有り月に陰有り

意味◉春の宵のひとときは千金に値する。花からは気持ちよい香りが漂い、月はほのかにかすんでおぼろである。

参考◉続いて「歌管楼台声細細、鞦韆院落（ぶらんこのある中庭）夜沈沈」と、歌声や音楽がだんだん聞こえなくなり、中庭のぶらんこにもだれもいなくなり、夜はふけていく、と動の昼に対する静の春の夜の素晴らしさが詠じられている。

【出典】北宋、蘇軾詩「春夜」

【原文】春宵一刻直千金、花有二清香一月有レ陰。

三月二十三日

人物

智は人を知るより難きは莫し

意味◉物事を知り分けることの中で、人を見極めることよりも難しいことはない。

参考◉孔子の門弟の中でだれが賢者かとたずねられた子貢が、答えに引用した諺。

【出典】『孔子家語』弟子行

【原文】智莫レ難二於知一レ人。

三月二十四日

言葉

千人の諾諾は、一士の諤諤に如かず

意味◉ 何でもはいはいと従うものが千人いるよりも、たとえ一人でも直言してくれる人物がいるほうがよい。

参考◉ 秦の臣、趙良が専横を極めていた商鞅に、もっと謙虚になりなさい、と忠告したときのことば。商鞅はこれに従わず、ついには反対派に車裂きにされた。

【出典】『史記』商君列伝

【原文】千人之諾諾、不レ如二一士之諤諤一。

三月二十五日

敵は易るべからず、時は失うべからず

意味◉ 敵は侮ってはいけないし、時機は逃してはならない。「易」は軽く見て侮ること。

参考◉ 楚の臣の黄歇が、秦の昭襄王に対し、楚を討つことが隣国の韓・魏を助けて勢いづかせることにつながり、秦にとって禍となる、ここは遠国の楚と連合して韓・魏を攻めることが秦の利益になるということを説いたときのことば。

【出典】『戦国策』秦策

【原文】敵不レ可レ易、時不レ可レ失。

三月二十六日

自然・故郷

帰りなんいざ、田園将に蕪れんとす、胡ぞ帰らざる

意味◉ さあ帰ろう。郷里の田園が荒れようとしているのに、どうして帰らずにいられるのだろうか。

参考◉ わずかな俸給のために、小役人に頭を下げたりなどしなければならない役人生活に嫌気がさした陶潜（陶淵明）が、彭沢の令（県知事）を辞して、宿願であった帰田を果たすにあたっての心境をうたった作品の冒頭部分。

【出典】 東晋、陶潜「帰去来兮辞」

【原文】 帰去来兮、田園将レ蕪、胡不レ帰。

三月二十七日

教える・学ぶ

学は自ら得るより貴きは莫し。人に在るに非ざるなり

意味◉ 学問においては、自分の身に引きつけて理解し体得することを最上とする。人がどうかということに関わるものはないのである。

【出典】 『二程粋言』論学

【原文】 学莫レ貴二乎自得一。非レ在レ人也。

三月二十八日

実行・行動

水積もりて魚聚まり、木茂りて鳥集まる

意味◉ 水がたまってはじめて魚があつまり、木が茂ってはじめて鳥があつまる。目的を遂げるためには環境を整えることが重要である。

【出典】『淮南子』説山訓

【原文】水積而魚聚、木茂而鳥集。

三月二十九日

教える・学ぶ

多識は博学に由る

意味◉ 深くて広い知識は、はば博く学ぶことによって得られる。

【出典】北宋、欧陽脩詩「和㆘聖兪唐書局後叢莽中得㆓芸香一本㆒之作㆖用㆓其韻㆒」

【原文】多識由㆓博学㆒。

三月三十日

努力

功ある者は自ら功あり、禍ある者は自ら禍あり

意味◉ 勲功ある者はそれを自分で得たのであり、災禍のある者もそれを自分で得たのである。

参考◉ 「天」が賞罰を下すのではなく、すべて人間が自分で得ているのだという意味のことば。「天」に善いものを賞し、悪いものを罰するような主宰性を考えるのは誤りであると述べる。自分の努力が結果に反映するという意味で用いられる。

【出典】 中唐、柳宗元「天説」

【原文】 功者自功、禍者自禍。

三月三十一日

ものの見方

千丈の隄は、螻蟻の穴を以て潰え、百尺の室は、突隙の烟を以て焚く

意味◉ 千丈の高さの堤も螻や蟻の小さな穴から壊れてしまい、百尺の高さの家も煙突の隙間からもれる煙や火の粉で焼けてしまう。

参考◉ 前半の句は一般に「千丈の堤も蟻の穴より崩る」「蟻の穴から堤も崩れる」の形で知られる。

【出典】 『韓非子』喩老

【原文】 千丈之隄、以螻蟻之穴潰、百尺之室、以突隙之烟焚。

四月一日

心境

同病相憐み、同憂相救う

意味● 同じ病気で苦しんでいる者は、お互いに同情し合う。同じ苦しみにさいなまれている者は、お互いに助け合う。同じ境遇で苦労している者は、お互いの心情がよくわかり、思いやり助け合うということ。

参考● 春秋時代、伍子胥が伯嚭に言ったことば。伍子胥は父と兄を楚に殺され、伯嚭は祖父を殺され、恨みを晴らすため、ともに呉に身を寄せていた。

【出典】『呉越春秋』闔閭内伝

【原文】同病相憐、同憂相救。

四月二日

生きる指針

己の欲せざる所を、人に施すこと勿れ

意味● 自分がしてほしくないことは、他人にもしてはならない。

参考● 弟子の仲弓が、仁とはどういうものかをたずねたのに対し、孔子が述べたことば。

【出典】『論語』顔淵

【原文】己所ㇾ不ㇾ欲、勿ㇾ施二於人一。

四月三日

生き方

愛出ずる者は愛反り、福往く者は福来る

意味◉こちらから人を愛する者には愛がかえってくるし、こちらから人に福をおくる者には福がやってくる。

参考◉戦国時代の鄒の穆公についての話の中に出てくる語。穆公は徳が高く、人々に対して厚い政治を行なったため、彼の死に際して、国民皆がひどくなげき悲しんだことを述べ、このことばでまとめる。

【出典】前漢、賈誼『新書』春秋

【原文】愛出者愛反、福往者福来。

四月四日

師弟・友人

朋有り遠方より来る、亦楽しからずや

意味◉道を同じくする友人が遠くからやって来る。何と楽しいことではないか。

参考◉現在の『論語』冒頭の章の一節であり、ひろく知られる。「朋の遠方より来る有り」と訓読する場合もある。

【出典】『論語』学而

【原文】有レ朋自二遠方一来、不二亦楽一乎。

四月五日

自然・故郷

借問す酒家は何れの処か有る、牧童遥かに指す杏花村

意味● 居酒屋はどこかにあるかとたずねたら、牛飼いの少年ははるかかなたのあんずの花咲く村をさし示した。「借問」はちょっとたずねること。

参考● 「清明」は二十四節気の五番目で、春分の十五日後。郊外に遊びに出たり、先祖の墓に詣でたりする習慣があった。なお、この詩により「杏花村」は名酒、また名酒の地に結びつけられることになった。

【出典】晩唐、杜牧詩「清明」

【原文】借問酒家何処有、牧童遥指杏花村。

四月六日

生きる指針

悪木の枝に息わず、盗泉の水を飲まず

意味● 疲れても悪木のかげで休むことはしない。のどが渇いても盗泉という名の水は飲まない。

参考● 「盗泉」は山東省泗水県にある泉の名で、孔子はその名を嫌ってそこから汲んだ水を飲まなかったという逸話がある。「悪木」は『管子』（逸文）に基づくことばで、質の悪い木、雑木。

【出典】初唐、盧照鄰詩「贈㆓益府群官㆒」

【原文】不㆑息㆓悪木枝㆒、不㆑飲㆓盗泉水㆒。

四月七日

継続・積み重ね

苟に日に新たに、日日に新たに、又日に新たなり

意味● 自分の徳を向上し新たにするのに一日努力し、一日一日重ねるごとに新たになるようにし、その上さらに毎日新たにしていく。

参考● 「湯の盤の銘に曰く」として引用されていることば。「湯」は殷の湯王、「盤」はたらい。「日日に新たなり」の典拠。

【出典】『大学』伝二章

【原文】苟日新、日日新、又日新。

四月八日

生きる指針

一利を興すは、一害を除くに若かず

意味● 利益をもたらすものを新しく始めるよりは、現在、損害を与えているものを取り除いたほうがよい。

参考● 耶律楚材（チンギス＝ハーンの参謀、のちオゴタイの宰相）のことば。この後「一事を生ずるは、一事を減ずるに若かず」と続く。

【出典】『十八史略』南宋・理宗皇帝

【原文】興二一利一、不レ若レ除二一害一。

四月九日

生き方

其の疾きこと風の如く、其の徐かなること林の如く、侵掠すること火の如く、動かざること山の如し

意味◉ 軍隊は、風のようにすばやく行動し、林のように静かに待ち構え、火のように激しく侵掠し、山のようにどっしりと守りを固めるのがよい。

参考◉ わが国では、武田信玄が軍旗に用いたことにより「風林火山」として知られる。原文はこのあとに、「知り難きこと陰の如く、動くこと雷霆の如し」と続く。

【出典】『孫子』軍争

【原文】其疾如レ風、其徐如レ林、侵掠如レ火、不レ動如レ山。

四月十日

棒を掉って月を打ち、靴を隔てて痒きを爬く

意味◉ 棒を振りまわして月を打とうとし、靴の上からかゆいところをかこうとする。思いどおりに核心を衝くことができず、もどかしいさま。

参考◉ 四字熟語「隔靴掻痒」は『無門関』以前にも用いられる。例えば『景徳伝灯録』二十二には康山契穏の語として見える。

【出典】『無門関』自序

【原文】掉レ棒打レ月、隔レ靴爬レ痒。

四月十一日

読書

是非自ら相攻め、去取は勇断に在り

意味◉正しいか正しくないか自分で考えて判断し、取りあげるか捨て去るかは勇気のある決断力にかかっている。

参考◉本の読み方について述べたことば。特に経書解釈に当たり、従来の注釈の説をそのままうのみにすることをやめ、自分の判断こそが重要であるということ。

【出典】北宋、欧陽脩詩「読書」

【原文】是非自相攻、去取在㆓勇断㆒。

四月十二日

適材適所

柱は以て歯を摘すべからず、簪は以て屋を持つべからず

意味◉柱では歯をほじくることはできず、小さなかんざしでは屋根を支えることはできない。それぞれ物には用いるに適材適所のあることをいう。「簪」は小さなかんざし。

【出典】『淮南子』斉俗訓

【原文】柱不㆑可㆓以摘㆒㆑歯、簪不㆑可㆓以持㆒㆑屋。

四月十三日

成長・進歩

切するが如く磋するが如く、琢するが如く磨するが如し

意味◉ 動物の骨や角を切って磨くようであり、玉や石を刻んで磨くようでもある。

参考◉ つねに自分を戒め切磋琢磨した君子、衛の武公を讃えた詩。「切磋琢磨」とはみがくという意をもっていることから、一般に学問や人格などを修養し続ける意味で用いられる。

【出典】『詩経』衛風・淇澳

【原文】 如㆑切如㆑磋、如㆑琢如㆑磨。

四月十四日

幸福・不幸

福は事少なきより福なるはなく、禍は心多きより禍なるはなし

意味◉ 幸せであるとは事件が少ないことが最も幸せであるといえるし、禍であるとは何よりも気苦労が多いことが禍であるといえよう。

参考◉ 毎日を平穏無事に過ごすことの幸せと、気苦労の絶えることのない不幸をいったもの。心をわずらうことこそ最大の禍なのである。

【出典】『菜根譚』前集四十九

【原文】 福莫㆑福㆓於少㆑事、禍莫㆑禍㆓於多㆑心。

四月十五日

生き方

垢を洗いて痕を求め、毛を吹いて瑕を覓む

意味◉垢を洗い落としてでも、きずあとをさがし求め、毛を吹きわけてでも、きずをたずね求めようとする。他人の小さな欠点までをきびしく指摘し、追及すること。また、人の欠点をあげつらい、かえって自分の欠点を暴露することのたとえ。

参考◉『韓非子』大体篇には、このことを戒めて「毛を吹きて小疵を求めず、垢を洗いて知り難きを察せず」という表現が見える。

【出典】『劉子新論』傷讒

【原文】洗レ垢求レ痕、吹レ毛覓レ瑕。

四月十六日

継続・積み重ね

高きに升るには必ず下きよりするが若くし、遐きに陟るには必ず邇きよりするが若くす

意味◉高い所に昇るのには必ず低い所から始めなければならないように、遠方へ行くには必ず近い所から始めなければならない。何事にも順序があるということ。

参考◉名宰相伊尹が殷の王太甲をさとし王者の道を教えたことば。

【出典】『書経』太甲・下

【原文】若二升レ高必自レ下、若二陟レ遐必自レ邇。

四月

四月十七日

人物

名(な)を聞(き)くは面(おもて)を見(み)るに如(し)かず

意味◉ 人づてに評判を聞くよりは、じかに対面してその人の顔を見るほうが、正確な判断ができる。

参考◉ 不孝を理由に処罰されそうな人を、房愛(ぼうあい)親(しん)の妻の崔(さい)が弁護したときに、引用した諺。

【出典】『北史(ほくし)』列女伝(れつじょでん)

【原文】 聞レ名不レ如レ見レ面。

四月十八日

継続・積み重ね

少(しょう)を衆(あつ)めて多(た)を成(な)し、小(しょう)を積(つ)みて鉅(きょ)を致(いた)す

意味◉ 少量でも集めれば多量になるし、小さなものでも積みあげれば巨大になる。塵も積もれば山となる。

【出典】『漢書(かんじょ)』董仲舒伝(とうちゅうじょでん)

【原文】 衆レ少成レ多、積レ小致レ鉅。

四月十九日

生きる指針

瓜田に履を納れず、李下に冠を正さず

意味◉ うりの畑では脱げた靴をかがんではきなおしてはいけない。すももの木の下では冠をなおしてはいけない。うりやすももを盗んでいると疑われるような行為は避けることをいう。「李下の冠」ともいう。

【出典】 前漢、無名氏詩「君子行」

【原文】 瓜田不レ納レ履、李下不レ正レ冠。

四月二十日

教える・学ぶ

百川は海に学んで海に至る、丘陵は山を学んで山に至らず

意味◉ すべての川は海を目標として海に至るが、丘は山を目標としても山にはなれない。

参考◉ 川は常に自らを先に進めているが、丘は一つ処にとどまったまま進まないことをいう。自分の能力を自分で見限って、学問をすることに努力しないことをいさめたことば。

【出典】 前漢、揚雄『法言』学行

【原文】 百川学レ海而至二于海一、丘陵学レ山而不レ至二于山一。

四月二十一日

生き方

嗔(いか)れる拳(こぶし)も笑(わら)う面(おもて)は打(う)たず

意味◉ 怒ってこぶしを振り上げた人も、笑っている顔は殴りづらい。

参考◉ 雲台省因禅師(うんだいしょういんぜんじ)が自らの風格を言ったことばとして見える。

【出典】『続灯録(ぞくとうろく)』三

【原文】嗔拳不レ打二笑面一。

四月二十二日

ものの見方

遠(とお)きに行(ゆ)くに、必(かなら)ず邇(ちか)きよりす

意味◉ 遠い所に行くには、近い所から始めなければならない。君子の道も、手近な所から始めなければならないということ。

【出典】『中庸(ちゅうよう)』十五章

【原文】行レ遠、必自レ邇。

四月二十三日

時間

年年歳歳花相似たり、歳歳年年人同じからず

意味◉　毎年毎年花は同じ姿なのに、毎年毎年それを見る人の姿は変わっていく。

参考◉　作者の劉希夷（字は廷芝）は宋之問の女婿であるが、之問にこの「年年歳歳」の句を譲れと言われて拒絶したために殺された、という逸話が伝えられるほどの名句として賞されてきた。

【出典】　初唐、劉希夷詩「代悲白頭翁」

【原文】　年年歳歳花相似、歳歳年年人不同。

四月二十四日

人の己を知らざることを患えず、己の能くすること無きを患う

意味◉　他人が自分のことをわかってくれないことを気にかけるのではなく、自分自身に才能がないことを気にかけるべきだ。

参考◉　孔子のことば。衛霊公篇に、「君子は能くすること無きを病う、人の己を知らざることを病えず」とあるのも同趣旨。

【出典】　『論語』憲問

【原文】　不患人之不己知、患己無能也。

四月二十五日

心境

疑心暗鬼を生ず

意味◉心に疑いがあると、さまざまな恐ろしい妄想が生ずる。

参考◉『列子鬳斎口義』は南宋の林希逸の『列子』の注釈書。『列子』説符篇の「鈇をなくした男が隣家の息子のせいではないかと疑ったところ、一挙手一投足すべてがまさしく鈇を盗んだ人物に見えた」という話の注解中に引く諺に基づく。四字熟語の「疑心暗鬼」はここが典拠。

【出典】『列子鬳斎口義』説符

【原文】疑心生二暗鬼一。

四月二十六日

世の習い

直木は先ず伐られ、甘井は先ず竭く

意味◉まっすぐな木は最初に切り倒され、うまい水の出る井戸はまっさきに汲みつくされてしまう。有用であるために、かえって身を滅ぼすことのたとえ。

【出典】『荘子』山木

【原文】直木先伐、甘井先竭。

四月二十七日

継続・積み重ね

鍥んで之を舎けば、朽木も折れず、鍥んで舎かざれば、金石も鏤むべし

意味◉ 刻みかけて途中でやめてしまったならば、腐った木でさえも折ることはできないが、休みなく刻み続けたならば、金石さえも彫りつけることができる。途中で努力することをやめてしまえば、どんなに容易な事であっても達成することはできない。不断の努力によってのみ可能性は大きくなるのである。「鍥」は刻の意。

【出典】 『荀子』勧学

【原文】 鍥而舎レ之、朽木不レ折、鍥而不レ舎、金石可レ鏤。

四月二十八日

生き方

隠れたるより見るるは莫く、微かなるより顕るるは莫し

意味◉ 人には知られない暗く隠れた所ほど、かえって世間には知られやすい。微細なことがらほど、かえって目につく。自分だけしか知らないと思って気ままな言動をなさず、身を慎まなければならないということ。

【出典】 『中庸』一章

【原文】 莫レ見二乎隠一、莫レ顕二乎微一。

四月二十九日

師弟・友人

衣は新しきに若くは莫く、人は故きに若くは莫し

意味◉ 衣服は新しいに越したことはなく、人は古なじみに越したことはない。「故」は、古くから親しくしている者、旧知。

参考◉ 晏嬰が主君である斉の景公に語ったもの。景公が旧知である晏嬰を退けようとすることを暗にそしったことば。

【出典】『晏子春秋』内篇雑上

【原文】衣莫レ若レ新、人莫レ若レ故。

四月三十日

ものの見方

鳧の脛は短しと雖も、之を続がば則ち憂え、鶴の脛は長しと雖も、之を断たば則ち悲しまん

意味◉ 鴨の脚は短いけれども、これをつぎ足して長くしようとすれば、鴨は苦痛を感じるだろう。鶴の脚は長いけれども、これを切って短くしようとすれば、鶴は嘆き悲しむだろう。生来の自然な状態によけいな作為を加えてはいけないという戒め。

「鳧」は野鴨。

【出典】『荘子』駢拇

【原文】鳧脛雖レ短、続レ之則憂、鶴脛雖レ長、断レ之則悲。

五月一日

過ち

人の過ちを見て、己の過ちを得、人の過ちを聞きて、己の過ちを得

意味◉人の過ちを見て自分の過ちを知り、人の過ちを聞いて自分の過ちを知る。

参考◉人間には心（想像力）があるので、何を見、また何を聞いても自分の行動を正すことができることをいう。

【出典】南宋、楊万里『庸言』七

【原文】見㆓人之過㆒、得㆓己之過㆒、聞㆓人之過㆒、得㆓己之過㆒。

五月二日

実行・行動

事に敏にして言に慎む

意味◉なすべきことはさっと実行し、ことばは慎んで軽率な発言をしない。

参考◉君子のあり方について述べた孔子のことば。

【出典】『論語』学而

【原文】敏㆓於事㆒而慎㆓於言㆒。

五月三日

天を怨みず、人を尤めず

天・地・人

意味◉天を怨みもしないし、他人をとがめたりもしない。不遇をかこって天を怨むこともせず、理解されないことを怒って人をとがめたりもしない。

【出典】『論語』憲問

【原文】不レ怨レ天、不レ尤レ人。

五月四日

火を乞うは燧を取るに若かず

努力

意味◉人に火を求めるよりは自分で火打ち石を手に入れるほうがよい。枝葉の部分よりはその根幹を把握するほうがよいことをたとえる。「燧」は火打ち石。

【出典】『淮南子』覧冥訓

【原文】乞レ火不レ若レ取レ燧。

五月五日

人間関係

往く者は追わず、来る者は距まず

意味◉立ち去る者は追わないし、やって来る者は拒まない。「距」は「拒」に同じ。

参考◉孟子の門人に対する態度を述べたことば。

【出典】『孟子』尽心・下

【原文】往者不レ追、来者不レ距。

五月六日

生き方

近きを貪る者は則ち遠きを遺し、利に溺るる者は則ち名を傷つく

意味◉眼前にある利を追う者は、遠い将来に得られるものを失ってしまうだろうし、利益を求めそれに溺れる者は、自分の名（名誉）を汚す。

【出典】『晋書』宣帝紀

【原文】貪ニ於近一者則遺レ遠、溺ニ於利一者則傷レ名。

五月七日

教える・学ぶ

常玉琢かざれば、文章を成さず

意味◉ 普通の宝石は、磨かなければ美しい模様があらわれてこない。人間も学ばなければ、立派な人格者になることはできない。「文」は文様。「章」はあらわれるの意。

【出典】『漢書』董仲舒伝

【原文】常玉不レ琢、不レ成ニ文章一。

五月八日

人物

同声相応じ、同気相求む

意味◉ 同じ調子の音は共鳴し合い、同じ気をもつものは呼び合って感応する。同類が感応し合うことをいう。

参考◉ 孔子のことば。

【出典】『易経』乾・文言伝

【原文】同声相応、同気相求。

五月九日

自然・故郷

万緑叢中紅一点、人を動かすに春色多きを須いず

意味◉万緑の中の一輪の紅い花。人を感動させるのにたくさんの春の景色は必要ない。

参考◉この句は王安石のものとされるが、王安石の文集の中にはない。また、「紅一点」は多くの男性の中に女性が一人だけいて、人目をひく意にもいう。

【出典】北宋、王安石「詠二柘榴一」

【原文】万緑叢中紅一点、動レ人春色不レ須レ多。

五月十日

幸福・不幸

吉凶は糾纆の如く、憂喜は相紛繞す

意味◉吉と凶はより合わせた縄のようなもので、憂いと喜びはもつれいりみだれている。

参考◉今日では、「吉凶は糾える縄の如し」で、吉事と凶事はかわるがわる交互にやってくるという意味で用いられている。

【出典】西晋、孫楚「征西官属送二於陟陽侯一作詩」

【原文】吉凶如二糾纆一、憂喜相紛繞。

五月十一日

企つ者は立たず、跨ぐ者は行かず

生き方

意味◉つま先立って背伸びをしている者は長くは立っていられず、大股に歩く者は遠くまでは歩けない。「企」はつま先立つの意。

参考◉「企者」「跨者」によって、ことさらな、無理な振る舞いは長続きしないということをたとえ、静かに自然にまかせて生きてゆくべきことを説く。

【出典】『老子』二十四章

【原文】企者不レ立、跨者不レ行。

五月十二日

徳有る者は必ず言有り、言有る者は必ずしも徳有らず

人物

意味◉りっぱな徳のある人には必ずりっぱな発言があるが、りっぱなことを口にする人に必ずしもりっぱな徳があるとは限らない。

【出典】『論語』憲問

【原文】有レ徳者必有レ言、有レ言者不二必有レ徳。

五月十三日

魚戯れて新荷動き、鳥散じて余花落つ

意味● 魚がたわむれ泳ぐにつれて、まだ小さな蓮の若葉がかすかにふるえ、木の枝にとまっていた鳥がばらばらと飛び立つと、散り残っていた花びらがひらひらと落ちる。「荷」は蓮。

参考● 作者の別荘があった東田は、当時の首都建康（現南京）郊外、名勝鍾山の東のふもとの地名という。繊細な観察眼で晩春を描いた句として古来有名である。

【出典】南朝斉、謝朓詩「游二東田一」

【原文】魚戯新荷動、鳥散余花落。

五月十四日

耳で聞くは目で見るに如かず

意味● 何かについて知ろうとするとき、耳でいくら聞くよりも、実際に自分の目で確かめたほうがよい。百聞は一見に如かず。

参考● 『説苑』政理には、「耳で之を聞くは、目で之を見るに如かず。目で之を見るは、足で之を践むに如かず（伝え聞くより自分で直接見たほうがいいし、それより自分の身で実践したほうがさらにいい）」とある。

【出典】『魏書』崔浩伝

【原文】耳聞不レ如二目見一。

五月十五日

生き方

五十歩(ごじっぽ)を以(もっ)て百歩(ひゃっぽ)を笑(わら)う

意味◉ 五十歩逃げた者が、百歩逃げた者を臆病者として笑う。転じて、本質的には変わりないのに人の言動をあざわらうことをいう。また、その愚かさをいう。

参考◉ 「戦場で武器を引きずって逃げ出す者が出た場合、五十歩逃げた者が百歩逃げた者を嘲笑したらどうか」と孟子(もうし)が梁(りょう)（魏(ぎ)）の恵王(けいおう)に問うた故事にちなむ。日本では「五十歩百歩」の形で使われる。

【出典】『孟子(もうし)』梁恵王(りょうけいおう)・上

【原文】以㆓五十歩㆒笑㆓百歩㆒。

五月十六日

ものの見方

山(やま)に躓(つまず)かずして、垤(てつ)に躓(つまず)く

意味◉ 山にはつまずかず、小さな蟻塚(ありづか)につまずく。山はその大きさゆえに人も用心してつまずくことはないが、蟻塚はその小ささゆえに人もあなどってつまずくのである。

参考◉ 韓非(かんぴ)は刑罰を軽くすることを「垤」にたとえる。つまり、刑罰を軽くすれば人はそれをあなどって法を乱すようになるというのである。

【出典】『韓非子(かんぴし)』六反(りくはん)

【原文】不㆑躓㆓於山㆒、而躓㆓於垤㆒。

五月十七日

知識・知恵

知りて知らざるは上なり、知らずして知るは病なり

意味◉ 知っていても知らないと思うのは最上であり、知らないのに知ったかぶりをするのは欠点である。

参考◉ 老子は「知っている」が「知らない」という一面も有するとし、その一面を謙虚に反省することが最上の知であると説く。

【出典】『老子』七十一章

【原文】知不㆑知上、不㆑知知病。

五月十八日

心境

観ざる所を以て人を信ぜざるは、蟬の雪を知らざるが若し

意味◉ 目に見たことではないという理由で、人の言うことを信用しないのは、まるで蟬が雪を見たことがないので理解できないというようなものだ。一つのことに拘泥して他のことを認めようとしない頑迷さをいう。「観」は実際に目で見る意。

【出典】『塩鉄論』相刺

【原文】以㆑所㆑不㆑観不㆑信㆑人、若㆓蟬之不㆒㆑知㆑雪。

五月十九日

運命

死生命有り、富貴天に在り

意味◉ 死ぬか生きるかは運命によって決まり、富も地位も天のさだめによるものであって、人の力ではいかんともしがたい。

参考◉ 反乱を企てて今にも死せんとする兄をもって嘆く門人の司馬牛に対し、孔子の高弟子夏が語ったことば。孔子のことばの引用と思われる。

【出典】『論語』顔淵

【原文】死生有レ命、富貴在レ天。

五月二十日

世の習い

弱の肉は、強の食となる

意味◉ 弱い者の肉を強い者が食らう。弱者は強者のえじきとなる。

参考◉ もとは動物の世界と人間の世界の差をいうことば。動物は「弱肉強食」であるが、人間の世界には文化があり、そのような、強者が生き残るだけという状態にはならない、というのが韓愈の考えである。

【出典】中唐、韓愈「送二浮屠文暢師一序」

【原文】弱之肉、強之食。

五月二十一日

人生訓

自(みずか)ら足(た)る者(もの)は足(た)らず、自(みずか)ら明(あか)るき者(もの)は明(あき)らかならず

意味◉自らを十分であると考えるものは実際は十分ではなく、自らを聡明であると考えるものは実際は聡明ではないものだ。

参考◉人の上に立つ者を戒めることば。高いところから下を見くだして、すべてを知り得ているとしても、それですみずみまで通じたとはいえないものである。

【出典】三国魏(さんごくぎ)、劉廙(りゅうよく)『政論(せいろん)』下視(かし)

【原文】自足者不レ足、自明者不レ明。

五月二十二日

人物

騅(すい)の逝(ゆ)かざる奈何(いかん)すべき、虞(ぐ)や虞(ぐ)や若(なんじ)を奈何(いかん)せん

意味◉わが愛馬、騅も進まなくなってしまった、いったいどうしたらよいのだろう。わがいとしの虞よ、そなたをいったいどうしたらよかろうぞ。

【出典】秦(しん)、項籍(こうせき)「垓下歌(がいかのうた)」

【原文】騅不レ逝兮可二奈何一、虞兮虞兮奈レ若何。

五月二十三日

自然・故郷

江は碧にして鳥逾白く、山は青くして花然えんと欲す

意味◉大河の水の色は深いみどりで、その上に遊ぶ鳥の白さをきわだたせている。山の木々は青みどりで、そこに咲く花の紅の色は燃えたつように見える。

【出典】盛唐、杜甫詩「絶句」

【原文】江碧鳥逾白、山青花欲㆑然。

五月二十四日

時

機は失うべからず、時は再び来らず

意味◉機会は逃してはいけない。その機会は二度とめぐってはこない。

【出典】『旧五代史』晋書・安重栄伝

【原文】機不㆑可㆑失、時不㆓再来㆒。

五月二十五日

幸福・不幸

福は善を以て取るべく、禍は悪を以て召くべし

意味● 幸福は善行によって得ることができ、不幸は悪行によって招く。

参考● 天と人の関係を論ずる文にある語句。本来、天が福や禍を与えるのではなく、人間の営みの中で、良いことをすれば福が、悪いことをすれば禍が与えられるという意味。天は祖先を祭ったり暦を作ったりするところに関わるのであって、人の福や禍とは関わらないという考えである。

【出典】 中唐、劉禹錫「天論」上篇

【原文】 福兮可㆓以㆑善取㆒、禍兮可㆓以㆑悪召㆒。

五月二十六日

生き方

黙に過言無く、愨に過事無し

意味● 沈黙を守っていれば、よけいなことを言うことはないし、行動を慎んでいれば、出過ぎたことをすることはない。

参考● 「愨」は誠実な態度。何事も慎みを忘れなければ、過ぎるということはない。

【出典】 『説苑』説叢

【原文】 黙無㆓過言㆒、愨無㆓過事㆒。

人物

燕雀安んぞ鴻鵠の志を知らんや

意味● 燕や雀のような小さい鳥に、どうして鴻や鵠のような大きい鳥の心がわかるであろうか。小人物には、大人物の心がわかるものではない。

参考● 中国最初の統一王朝秦は、始皇帝の死後、その法治主義による圧政により、すでに民衆の反発を招いていた。天下は早くも再び乱れる様相を見せ始めていた。人に雇われて畑を耕していた陳渉は、同じ日雇いの仲間に「自分が出世しても、お前たちのことは忘れはしないであろう」と言って、勇飛の気構えを見せると、仲間の日雇いたちはあざけり笑った。そのときに言ったことばがこの有名な一句。

【出典】『史記』陳渉世家

【原文】燕雀安知二鴻鵠之志一哉。

五月二十八日

言葉

至言(しげん)は耳(みみ)に忤(さか)らいて心(こころ)に倒(もと)る

意味◉ 道理にかなった、しごくもっともなことばは、耳障りで気に入らぬものである。

「倒」はさからう。

【出典】 『韓非子(かんぴし)』難言(なんげん)

【原文】 至言忤二於耳一而倒二於心一。

五月二十九日

人(ひと)の我(われ)に徳有(とくあ)るや、忘(わす)るべからざるなり。吾(われ)の人(ひと)に徳有(とくあ)るや、忘(わす)れざるべからざるなり

意味◉ 人が自分に施してくれた恩恵は、忘れてはならないが、自分が人に施した恩恵は、忘れなくてはならない。

参考◉ 魏(ぎ)の信陵君(しんりょうくん)が趙(ちょう)の国都邯鄲(かんたん)を攻めた秦軍を破り、趙に恩恵を施したが、魏の老臣唐雎(とうしょ)が、それを自慢してはならないと信陵君に忠告した際のことば。

【出典】 『戦国策(せんごくさく)』魏策(ぎさく)

【原文】 人之有レ徳二於我一也、不レ可レ忘也。吾有レ徳二於人一也、不レ可レ不レ忘也。

五月三十日

生き方

彼(かれ)を知(し)り己(おのれ)を知(し)れば、百戦(ひゃくせん)して殆(あやう)からず

意味◉ 相手と自分の双方の能力を熟知していれば、必ず勝てる。「殆」は危ない目にあう。

参考◉ 本来は戦争に関してのことばだが、今日では勝負ごと全般に用いられる。

【出典】『孫子(そんし)』謀攻(ぼうこう)

【原文】知レ彼知レ己、百戦不レ殆。

五月三十一日

生きる指針

渇(かつ)すれども盗泉(とうせん)の水(みず)を飲(の)まず、熱(あつ)けれども悪木(あくぼく)の陰(かげ)に息(いこ)わず

意味◉ いくらのどが渇いても「盗泉」という名の泉の水は飲まないし、いくら暑くても悪い木の木陰では休息しない。

参考◉ 「盗泉」は山東省泗水(しすい)県にある泉の名で、孔子(こうし)がその地を通りかかった時、ひじょうにのどが渇いていたが、その名を嫌い泉の水を飲まなかったという逸話がある。

【出典】西晋(せいしん)、陸機(りくき)詩「猛虎行(もうここう)」

【原文】渇不レ飲ニ盗泉水一、熱不レ息ニ悪木陰一。

六月一日

実行・行動

知(ち)は行(こう)の始(はじ)め、行(こう)は知(ち)の成(な)れるなり

意味● 知ること（認識）は行なうこと（実践）の始めであり、実践することによって認識は完成する。「知」と「行」は一つの事柄の始めと終わりを言うことばであって、別個のものをさすのではない、ということ。

参考●『伝習録(でんしゅうろく)』上・二十七条にも見える。王(おう)陽明(ようめい)のことば。

【出典】『伝習録(でんしゅうろく)』上・五

【原文】 知者行之始、行者知之成。

六月二日

人物

虎(とら)の尾(お)を履(ふ)むも、人(ひと)を咥(くら)わず

意味● 虎の尾を踏んでもかまれない。猛々しい人に対しても礼にかなった態度で接すれば危険はないのである。「虎の尾を履む」はきわめて危険なことを行なうことのたとえ。

参考● 和らいだ態度で危難に対処すべきことを説く。

【出典】『易経(えききょう)』履(り)・卦辞(かじ)

【原文】 履二虎尾一、不レ咥レ人。

六月三日

時

少壮（しょうそう）にして努力（どりょく）せずんば、老大（ろうだい）にして乃（すなわ）ち傷悲（しょうひ）せん

意味◉若い頃に努力しなければ、年老いてから嘆き悲しむことになる。

参考◉時の流れの速いことを嘆じた詩。

【出典】後漢（ごかん）、無名氏（むめいし）詩「長歌行（ちょうかこう）」

【原文】少壮不二努力一、老大乃傷悲。

六月四日

成長・進歩

百尺竿頭（ひゃくしゃくかんとう）須（すべから）く歩（ほ）を進（すす）むべし、十方世界是全身（じっぽうせかいこれぜんしん）

意味◉百尺の長いさおの先端に立ちえたとしても、それで満足せず、さらに一歩前に進まなければならない。そうすることによって、広大な宇宙が自分と一体化する。悟りの境地に至っても、さらに進んだ境地を目ざさなければならないということ。また、自分個人の悟りにとどまらないで、外の世界に向かっていかなければならないということ。

【出典】『景徳伝灯録（けいとくでんとうろく）』十

【原文】百尺竿頭須レ進レ歩、十方世界是全身。

六月五日

人物

人（ひと）に事（つか）うるを知（し）る者（もの）にして、然（しか）る後（のち）に以（もっ）て人（ひと）を使（つか）うべし

意味◉ 人に仕えるということをわかっている者にしてはじめて、人を使うことができる。

【出典】『孔子家語（こうしけご）』曲礼子夏問（きょくらいしかもん）

【原文】 知ㇾ事ㇾ人者、然後可二以使㆑人。

六月六日

言葉

悪言（あくげん）は口（くち）に出（い）ださず、苟語（こうご）は耳（みみ）に留（とど）めず

意味◉ 他人を中傷することばを言ってはいけない。一時しのぎのいいかげんなことばを聴いてはいけない。

【出典】『鄧析子（とうせきし）』転辞（てんじ）

【原文】 悪言不ㇾ出ㇾ口、苟語不ㇾ留ㇾ耳。

六月七日

善・悪

旁らに人無きが若し

意味◉ まるで、そばに人がいないかのように、自分勝手に振る舞うこと。人前をはばからず、無遠慮に振る舞うようす。傍若無人。

【出典】『史記』刺客列伝

【原文】旁若レ無レ人。

六月八日

生き方

文籍腹に満つと雖も、一嚢の銭に如かず

意味◉ いかに書物を読み学問に長じても、それだけで現実に活用しなければ、財布一つ分のお金にもならない。「嚢」は財布で、「一嚢銭」は、一つの財布に入るお金、つまりほんのわずかのお金をいう。

参考◉ 趙壹は才をたのんで不遜であったので、死ぬような目にあったが友人に助けられた。このことばは趙壹が作った「疾邪詩（または秦客詩）」の中にあるもの。

【出典】『後漢書』趙壹伝

【原文】文籍雖レ満レ腹、不レ如二一嚢銭一。

六月九日

愛は憎しみの始め、徳は怨みの本なり

世の習い

意味◉ 人を愛することが人を憎む糸口となり、人に恩恵をほどこすことが人を怨む原因となる。愛情や恩恵をほどこせば必ずや見返りを求めるようになり、それが得られないと、果てには憎しみや怨みを抱くようになるのである。

【出典】『管子』枢言

【原文】 愛者憎之始也、徳者怨之本也。

六月十日

五十にして天命を知る

人生

意味◉ 五十歳になって、天が自分に与えた使命、運命というものを悟った。

参考◉ 孔子が自己の人生の道程を振り返って述べたことば。ここから、五十歳を「知命」という。

【出典】『論語』為政

【原文】 五十而知二天命一。

六月十一日

ものの見方

小忍びざれば、則ち大謀を乱る

意味◉小さな事にねばり強く辛抱しないと、大きな計画の障害となる。

参考◉孔子のことば。このことばに南宋の儒者朱熹は、「小忍びざるは、婦人の仁・匹夫の勇の如し」と注し、母親の小さい慈愛が子供を悪くしたり、血気にはやる男が犬死にしたりするようなことになると説明している。

【出典】『論語』衛霊公

【原文】小不レ忍、則乱二大謀一。

六月十二日

師弟・友人

我を非として当たる者は吾が師なり。我を是として当たる者は吾が友なり

意味◉自分を悪いとして叱り正してくれる者は師であり、自分を正しいとして認めつきあってくれる者は友である。

参考◉師や友の存在こそ自らの成長にとって重要なものとなる。

【出典】『荀子』脩身

【原文】非レ我而当者吾師也。是レ我而当者吾友也。

六月十三日

日月光を同じうせず、昼夜各々宜しき有り

時

意味◉太陽と月とは同じ時に光らない。昼と夜とそれぞれに適当な時と所とがある。

参考◉どれほどすぐれた人物であっても、時を得なければ世に出ることはない。出処進退は時を待つべきことをいうことば。

【出典】中唐、孟郊詩「答姚怤見寄」

【原文】日月不同光、昼夜各有宜。

六月十四日

徳を恃む者は昌え、力を恃む者は亡ぶ

人物

意味◉徳によってたつ者は栄え、力に依存している者は滅びる。

【出典】『史記』商君列伝

【原文】恃徳者昌、恃力者亡。

六月十五日

言葉

讒言三たび至りなば、慈母も親しまず

意味◉ 讒言も三度重なると、愛情の深い母親でさえも、子供を疑うようになる。

【出典】 三国魏、曹植詩「当㆓牆欲㆑高行㆒」

【原文】 讒言三至、慈母不㆑親。

六月十六日

天に在りては願わくは比翼の鳥と作り、地に在りては願わくは連理の枝と為らん

意味◉ 生まれかわって天に飛ぶ鳥となるなら、雌雄が一体となって飛ぶという鳥になりたい。生まれかわって地に生える樹となるなら、木目が接続して離れない二本の木の枝となりたい。

参考◉ 玄宗皇帝と楊貴妃が長生殿でかわした誓いのことばである。永遠の愛情で結ばれた夫婦であることをいう。

【出典】 中唐、白居易詩「長恨歌」

【原文】 在㆑天願作㆓比翼鳥㆒、在㆑地願為㆓連理枝㆒。

六月十七日

ものの見方

多多益々弁ず

意味◉ 多ければ多いほどうまく処理し、使いこなすことができる。手腕や能力にゆとりがあり、仕事が多ければ多いほど都合がよいさまをいう。

【出典】『漢書』韓信伝

【原文】 多多益弁耳。

六月十八日

生きる指針

高飛の鳥も美食に死す。深泉の魚も芳餌に死す

意味◉ 空高く飛ぶ鳥も、おいしい餌につられて人に捕まり殺されてしまう。水中奥深くにすむ魚も、おいしい餌につられて人に釣り上げられ殺されてしまう。物欲によって人は失敗することのたとえ。

参考◉ 越の大夫種が、句践に言ったことば。

【出典】『呉越春秋』句践陰謀外伝

【原文】 高飛之鳥死二於美食一。深泉之魚死二於芳餌一。

六月十九日

幸福・不幸

福は禍の門なり

意味◉幸福というのは、次に禍がくる入り口のようなものである。

参考◉幸福とは決して永遠に続くものではない。この条は次のように続く。「是は非の尊なり。治は乱の先なり。事、終始無く、而して患及ばざるは、未だ之を聞かざるなり」。物事はすべて表裏をなしてめぐっており、何が禍となるか福となるかは、わからない。

【出典】『説苑』説叢

【原文】福者禍之門也。

六月二十日

生き方

虎穴に入らずんば、虎子を得ず

意味◉虎の住む洞穴に入る危険を冒さなければ、虎の子を手に入れることはできない。大きな利益を得ようとするならば、危険や負担を覚悟し、勇猛果敢に行動しなければならないということ。

【出典】『後漢書』班超伝

【原文】不レ入二虎穴一、不レ得二虎子一。

六月二十一日

師弟・友人

讒は自ら来らず、疑いに因りて来る。間自ら入らず、隙に乗じて入る

意味◉悪口は自然とやってくるのではなく、誰かを疑うことから起こる。友人とのへだたりも自然とやってくるのではなく、小さな裂け目から起こる。

参考◉君臣の間の信頼関係も、君が事態をきちんと明確に把握していなければ、讒言がつけこむ隙が生じ、疑念が増して壊れてしまうことをいう。

【出典】明、劉基「郁離子」畏鬼

【原文】讒不二自来一、因レ疑而来。間不二自入一、乗レ隙而入。

六月二十二日

知識・知恵

亡を見て存を知り、霜を見て氷を知る

意味◉亡失のさまを見て存続の意味を知り、霜を見て氷のはる季節の到来を知る。

参考◉眼前にある状況から、その先を読む。「亡を見て存を知る」とは、とても困難なことのように感じられるのだが、季節を知るのと同様に考えれば容易に思われるのである。歴史の繰り返しと、季節の移り変わりを対比させたことば。

【出典】『説苑』説叢

【原文】見レ亡知レ存、見レ霜知レ氷。

六月二十三日

自然・故郷

国破れて山河在り、城春にして草木深し

意味◉ 戦乱で国家は破れたが、山や河は以前のままであり、長安には春がまたおとずれ、草や木が深々と茂っている。「城」は城壁で囲まれた都市。ここでは長安をさす。

【出典】 盛唐、杜甫詩「春望」

【原文】 国破山河在、城春草木深。

六月二十四日

困難・再起

槃根錯節に遇わざれば、何を以て利器を別たんや

意味◉ わだかまった根や、いりくんだ節をもった木にぶつかり、それを切ってみてはじめて、その刃物が鋭いものかどうかわかる。人は困難に遭遇したときに、いかに対処するかによって、その真価が問われるということ。「利器」は鋭い刃物。

参考◉ 厳しい任務についた虞詡（官は尚書令に至る）を、気づかってあわれんでくれた友人たちに、虞詡が答えたことば。

【出典】『後漢書』虞詡伝

【原文】 不ㇾ遇㆓槃根錯節㆒、何以別㆓利器㆒乎。

六月二十五日

時

時に及んで当に勉励すべし、歳月は人を待たず

意味◉ 時をのがさず、有意義に充実して過ごすように努めるべきだ。歳月は人を待ってはくれない。

【出典】東晋、陶潜「雑詩」其一

【原文】及レ時当二勉励一、歳月不レ待レ人。

六月二十六日

決意・信念

群疑に因りて独見を阻むこと毋れ。己が意に任せて人の言を廃すること毋れ

意味◉ 大勢の人が疑いをもつからといって、自分が正しいと信じる意見を捨ててはならない。自分の意見だけを信じて、他人の意見に耳を貸さないのはいけない。

【出典】『菜根譚』前集百三十

【原文】毋下因二群疑一而阻中独見上。毋下任二己意一而廃中人言上。

六月二十七日

一言口を出ずれば、駟馬も追い難し

意味◉ 一度口に出してしまったことばは、駟（四頭だての馬車）でも追いつかない。ことばは慎むべきである。

参考◉『論語』顔淵篇に「駟も舌に及ばず」とあるのに基づく。

【出典】北宋、欧陽脩『筆説』

【原文】一言出ㇾ口、駟馬難ㇾ追。

六月二十八日

人生

四十にして惑わず

意味◉ 四十歳になって、自己の見識や生き方に自信をもち、迷いがなくなった。

参考◉ 孔子が自己の人生の道程を振り返って述べたことば。ここから、四十歳を「不惑」という。

【出典】『論語』為政

【原文】四十而不ㇾ惑。

六月二十九日

教える・学ぶ

根の茂き者は其の実遂げ、膏の沃き者は其の光曄く

意味◉根が十分に発達した樹木は実をたくさんつけることができ、油を十分に加えた灯火は光が明るく輝く。

参考◉学問をする態度を述べたことば。根本となるべき道（仁や義）をしっかりと身につけ実行したなら、その発言も立派になるという意味。

【出典】中唐、韓愈「答李翊書」

【原文】根之茂者其実遂、膏之沃者其光曄。

六月三十日

継続・積み重ね

江河の溢は三日に過ぎず、飄風暴風は須臾にして畢る

意味◉大河の水の氾濫も三日たてば治まるものであるし、嵐の風雨もしばらくようすを見ていれば、次第に終結するものである。

参考◉どんなに猛威をふるおうとも、決して永遠ということはない、しばらくすれば終わりはくるのである。人の心もまた同じなのである。

【出典】『説苑』説叢

【原文】江河之溢不過三日、飄風暴風須臾而畢。

七月一日　人物

世に伯楽有りて、然る後に千里の馬有り

意味◉伯楽のように馬の才能を見出してそれを育てることのできる人がいてはじめて、千里を走る名馬が存在する。すぐれた才能を持つ人はどこにもいるが、それを見出して育てる人がいなければ、すぐれた人材も世に現われないということ。

参考◉伯楽は、『荘子』馬蹄篇などに見える（及レ至二伯楽一曰、我善治レ馬。）周代の馬を見分ける名人。

【出典】中唐、韓愈「雑説」

【原文】世有二伯楽一、然後有二千里馬一。

七月二日　適材適所

人を用いるは器の如くし、各〻長ずる所を取る

意味◉人を用いるということは、器物を用いるのと同じことである。それぞれがもっている優れたところを用いるべきである。

参考◉唐の太宗に、賢才を推挙するように命じられながら、「今は未だ奇才有らざるのみ」として、なかなか推挙しなかった臣下の封徳彝に対して、太宗が言ったことば。

【出典】『資治通鑑』唐紀・太宗貞観元年

【原文】用レ人如レ器、各取レ所レ長。

七月三日

時

盛年重ねて来らず、一日再び晨なり難し

意味◉ 若い時は二度とは来ない。一日に二度朝が来ることもない。

参考◉ 人の命は風に舞い上がる路上の塵のようなもので、あちこち吹き飛ばされていつ終わりを迎えるかわからない。そんな世に生まれ出た我々はみな兄弟のようなものである。喜びたい時には、近所の人を集めて、酒を飲んで楽しもう。このようにうたった後の詩句である。

【出典】 東晋、陶潜「雑詩」其一

【原文】 盛年不二重来一、一日難二再晨一。

七月四日

継続・積み重ね

驥は一日にして千里なるも、駑馬も十駕すれば則ち亦之に及ぶ

意味◉ 駿馬は一日にして千里を走るものであるが、駑馬であっても十日続けて走れば、千里先の地へたどり着くことができる（駿馬に追いつくことができる）。目標の地を定め、それに向かって進むならば、凡・非凡の才にかかわらず、不断の努力によって到達できるものである。学問も然りである。「驥」は駿馬。「駑馬」は足ののろい馬。

【出典】 『荀子』脩身

【原文】 驥一日而千里、駑馬十駕則亦及レ之矣。

七月五日

三十六策、走るを上計と為す

生き方

意味◉いろいろなはかりごとやかけひきのうち、逃げることこそが最上のはかりごとである。

参考◉「三十六策」は兵法上の種々の策略。「走」は逃げること。身の保全をはかることこそが最も重要であるという考えを述べたことば。一般には「三十六計、遁ぐるに如かず」という言い方がよく用いられる。

【出典】『南斉書』王敬則伝

【原文】三十六策、走為二上計一。

七月六日

故きを温ねて新しきを知らば、以て師為るべし

教える・学ぶ

意味◉先人の教えを考え直して、そこから新しいことを発見できるようならば、人の師となれるであろう。

参考◉「温」を「あたため」と訓読し、よく復習する、あたため直すの意と解するものもある。孔子のことばで、孔子の学問における基本姿勢といってよい。「温故知新」という四字熟語で人口に膾炙している。

【出典】『論語』為政

【原文】温レ故而知レ新、可二以為一レ師矣。

七月七日

人物

人(ひと)の短(たん)を道(い)うこと無(な)かれ、己(おのれ)の長(ちょう)を説(と)くこと無(な)かれ

意味◉他人の短所をとやかく言ってはならないし、自分の長所を誇って口にしてはならない。

参考◉崔瑗(さいえん)は後漢の名文家で、常に身近に置いて身の戒めとする金言集「座右の銘」をはじめて作った人。

【出典】後漢(ごかん)、崔瑗(さいえん)「座右銘(ざゆうのめい)」

【原文】無レ道二人之短一、無レ説二己之長一。

七月八日

生き方

豹(ひょう)は死(し)して皮(かわ)を留(とど)め、人(ひと)は死(し)して名(な)を留(とど)む

意味◉豹は死後に美しい皮を残す。人は死後に自分の名を残す。

参考◉五代、後梁(こうりょう)の刺史(しし)王彦章(おうげんしょう)のことば。人が死後に名を残すための条件とされるのは、文字どおり、名を汚さぬような生き方なのである。悪名ではなく美名を残すことが、万物の霊長たる人間のつとめであることを、美皮を残す豹と対比させ述べている。

【出典】『新五代史(しんごだいし)』王彦章伝(おうげんしょうでん)

【原文】豹死留レ皮、人死留レ名。

七月九日

時間

破鏡重ねて照さず、落華枝に上り難し

意味◉ 割れた鏡は、二度と物の姿をうつさないし、地に落ちた花びらが、枝に戻って咲くことはない。いったん破れたものはもとに戻ることはないというたとえ。

参考◉ 華厳休静禅師のことば。

【出典】『景徳伝灯録』十七

【原文】破鏡不㆓重照㆒、落華難㆑上㆑枝。

七月十日

天・地・人

天道は親無く、常に善人に与す

意味◉ 天の道はえこひいきをせず、常に善人に味方をする。

参考◉ 目先の事柄に一喜一憂する人間の思慮の及ばないところで、天の理法は常に公平で、必ずや真の有徳者に味方をするであろうと述べる老子のことば。ここでの「善人」は世俗的な善・不善ではなく、老子の説く無為自然の道を体得した者と解する。

【出典】『老子』七十九章

【原文】天道無㆑親、常与㆓善人㆒。

七月十一日

人物

其の子を知らざれば其の友を視よ。其の君を知らざれば其の左右を視よ

意味◉その人の人柄がわからなければ、その友人を見ればよい。その君主の人柄がわからなければ、その側近を見ればよい。

参考◉人は周囲の環境・習慣などに影響されやすいものである。

【出典】『荀子』性悪

【原文】不レ知二其子一視二其友一。不レ知二其君一視二其左右一。

七月十二日

実行・行動

至言は言を去り、至為は為す無し

意味◉最上のことばは、ことばに頼らないことばであり、最上の行為は、人間的な作為を捨てた行為である。

参考◉いつもかもめと遊びたわむれている男が、ある時、父親にかもめをつかまえてくるよう頼まれ、翌朝浜辺に出てみたところ、かもめは舞い上がったままで下りてこようとしなかった、という説話の後に、格言として引かれたことば。

【出典】『列子』黄帝

【原文】至言去レ言、至為無レ為。

七月十三日

生き方

両心は以て一人を得べからず、一心は以て百人を得べし

意味◉ 二心を抱けば一人の味方も得ることができず、一つの心を貫けば百人の味方を得ることができる。

参考◉ 二心を抱く者より、「褐（粗末な衣服）を被て玉（真心）を懐く者」、つまり襤褸をまとっても真心を貫く者のほうが勝っていることを説く。

【出典】『淮南子』繆称訓

【原文】両心不レ可三以得二一人一、一心可三以得二百人一。

七月十四日

君子は和して同ぜず、小人は同じて和せず

意味◉ 君子は、人と調和するが主体性を失うことはない。小人は、付和雷同するが人と調和することはない。「和」は和合、調和。「同」は見境なく他に同調すること。

参考◉ 君子と小人との差異を、他者との関わりを問題にして述べた孔子のことば。すぐ次の章では「君子は泰にして驕らず（ゆったり落ち着いていていばらないが）、小人は驕りて泰ならず」と述べている。

【出典】『論語』子路

【原文】君子和而不レ同、小人同而不レ和。

七月十五日

人間関係

貧賤の知は忘るべからず、糟糠の妻は堂より下さず

意味◉ 貧しいときからの友人は、いつまでも忘れてはいけない。長年苦労を共にしてきた妻は、いくら出世して富貴になろうとも、決して離婚などせず、大事にしなくてはならない。「糟糠」は酒かすと米ぬか。「糟糠の妻」は、そのような粗末な食事しかできなかったときから、長年苦労を分かちあってきた妻。「堂」は表ざしき、家の意。「下堂」は家からだす、転じて、離婚をいう。

【出典】『後漢書』宋弘伝

【原文】貧賤之知不レ可レ忘、糟糠之妻不レ下レ堂。

七月十六日

心境

胆は大ならんことを欲し、心は小ならんことを欲す。智は円ならんことを欲し、行ないは方ならんことを欲す

意味◉心のもちようとしては、度胸は大きくもち、注意は細かくするのがよい。また、知恵は円満で融通がきくほうがよく、行動は品行方正で厳格なほうがよい。

参考◉盧照鄰に答えた遜思邈のことば。前半の句は四字熟語として「胆大心小」の形で用いられる。

【出典】『新唐書』隠逸・遜思邈伝

【原文】胆欲レ大、而心欲レ小。智欲レ円、而行欲レ方。

七月十七日

時間

人生は朝露の如し、何ぞ久しく自ら苦しむこと此くの如き

意味◉人の一生は、日が昇るとすぐに消えてしまう朝露のようにはかないものだ。どうしていつまでも自分を苦しめ続ける必要があろうか。

参考◉かつての同僚蘇武に対して、李陵が言ったことば。

【出典】『漢書』蘇武伝

【原文】人生如二朝露一、何久自苦如レ此。

七月

七月十八日

細行(さいこう)を矜(つつし)まざれば、終(つい)に大徳(たいとく)を累(わずら)わす

意味● ほんのささいな行ないであっても慎まなければ、いつか大徳を損なうことになる。

参考● 召公(しょうこう)が周(しゅう)の武王に言ったことばで、徳の大切さが説かれている。

【出典】『書経(しょきょう)』旅獒(りょごう)

【原文】不レ矜二細行一、終累二大徳一。

七月十九日

人生訓

交(まじ)わり絶(た)つも悪声(あくせい)を出(い)ださず

意味● 交際を絶ったあとも、人の悪口は言わない。

参考● 新しく即位した燕(えん)の恵王(けいおう)に疎まれて趙(ちょう)に亡命した将軍楽毅(がくき)が、恵王に送った書簡において引用した古語で古(いにしえ)の君子のあり方を述べた。

【出典】『戦国策(せんごくさく)』燕策(えんさく)

【原文】交絶不レ出二悪声一。

七月二十日

泣いて馬謖を斬る

生き方

意味◉ 情としては忍びないが、たとえ愛する者でも全体の規律のために処分する。

参考◉ 三国、蜀の諸葛亮は、街亭の戦いで自分の命に従わないで大敗した馬謖を、その才気を愛しながらも、私情を殺して処罰したのである。「涙を揮いて馬謖を斬る」とも。

【出典】『十八史略』三国

【原文】亮為レ政無レ私。馬謖素為二亮所一レ知。及レ敗レ軍流涕斬レ之、而卹二其後一。

七月二十一日

人事を尽くして天命に聴う

運命

意味◉ 人間としてできる範囲のことを全力をあげてし、事の成否は運命にまかせる。「聴」はきき入れてしたがう意。

参考◉ 一般には、「人事を尽くして天命を待つ」の形で用いられている。『読史管見』では、淝水の戦い（三八三年）で、前秦の苻堅の大軍を迎え討つことになった東晋の宰相謝安の心境を描写することばの中に見える。

【出典】『読史管見』八・晋紀・武帝

【原文】尽二人事一聴二天命一。

七月二十二日

人物

知者は水を楽しみ、仁者は山を楽しむ

意味◉ 知者は水を喜び、仁者は山を喜ぶ。

参考◉ 孔子は、知者と仁者との境地を水と山にたとえる。知者は、水が絶えず流れてゆくように、巧みに才知をめぐらせている。ゆえに水を愛する。仁者は、山が泰然自若として動かぬながらも万物を生育するように、悠然と落ち着いている。ゆえに山を愛する。

【出典】『論語』雍也

【原文】知者楽レ水、仁者楽レ山。

七月二十三日

生き方

大道は多岐を以て羊を亡がし、学者は多方を以て生を喪う

意味◉ 大きな道は、岐れ路が多いことから、羊をとり逃がしてしまい、学問をする者は、やり方がいろいろ多いことから、根本の生き方がわからなくなってしまうのである。

参考◉ 逃げた羊を追う者が、道がいくつにも分かれているためにとうとう羊を見失ってしまったという故事に基づく。ここから「多岐亡羊」の熟語も生まれた。

【出典】『列子』説符

【原文】大道以二多岐一亡レ羊、学者以二多方一喪レ生。

七月二十四日

世の習い

一将功成って万骨枯る

意味◉一人の将軍が手柄をたてるときには、無数の人々の生命が犠牲になっている。

参考◉詩の題名の「己亥」は八七九年で、唐の末期にあたる。黄巣の反乱軍のために戦闘が絶えない時代であった。

【出典】晩唐、曹松詩「己亥歳」

【原文】一将功成万骨枯。

七月二十五日

ものの見方

覆水再び収むるも豈杯に満たんや

意味◉一度こぼした水は再びもとに収めようとしても、どうしてもと通り杯いっぱいに満たすことができようか。

参考◉よく知られる「覆水盆に返らず」と同義である。一度離れた男女の関係はもとに戻らないことをいう。

【出典】盛唐、李白「白頭吟」

【原文】覆水再収豈満ㇾ杯。

七月二十六日

笑中に刀有り

人物

意味◉顔には笑みを浮かべているが、そのうちには狡智な刀を隠している。表面は柔和でありながら、内心陰険な人物を評していう。笑中の刀。

参考◉唐の李義府を世人が評したことば。「笑裏蔵刀」も同様の意味。

【出典】『十八史略』唐・高宗皇帝

【原文】笑中有レ刀。

七月二十七日

苦言は薬なり、甘言は疾なり

言葉

意味◉耳が痛く聞きづらい諫言は薬になり、とり入ろうとするへつらいのことばは害毒になる。

【出典】『史記』商君列伝

【原文】苦言薬也、甘言疾也。

七月二十八日

生きる指針

長袖は善く舞い、多銭は善く賈う

意味◉　長い袖の服を着れば上手に舞うことができ、たくさんお金を持っていれば十分に買いものができる。すなわち「備え有れば患い無し（『書経』説命・中）」ということ。

【出典】『韓非子』五蠹

【原文】長袖善舞、多銭善賈。

七月二十九日

心境

怨みに報ゆるに徳を以てす

意味◉　怨みに対して、徳をもって報いる。

参考◉　道を体得した聖人は、無為自然に生き、しかも慎重で周到な人生態度であることを述べた老子のことば。怨みに徳をもって報いれば、人と人との争い事などは自然と解決され、大事には至らないと説く。

【出典】『老子』六十三章

【原文】報レ怨以レ徳。

七月三十日

烏集の交わりは、善しと雖も親しまず

人間関係

意味● 烏の集まりは、最初はうまくいっても最終的には疎遠になってしまう。いつわりが多く誠意のない交際を「烏集の交わり」という。

参考● 「烏集の交わり」について、『管子』は「初め相驩ぶと雖も後必ず相咄す（ののしり合う）」と説明する。なお、統制のとれない集団を、「烏合の衆」（『東観漢記』公孫述伝）ともいう。

【出典】『管子』形勢解

【原文】烏集之交、雖㆑善不㆑親。

七月三十一日

一犬形に吠ゆれば百犬声に吠ゆ

もの の見方

意味● 一匹の犬が物影に向かって吠え出すと、その声につられて多くの犬が盛んに吠え出す。一人が偽りを述べると、多くの人がそれを真実であるかのように次から次へと伝えてしまうということ。

参考● 「一犬虚に吠ゆれば万犬実を伝う」ともいわれる。

【出典】『潜夫論』賢難

【原文】一犬吠㆑形百犬吠㆑声。

八月一日

人間関係

往く者は諫むべからず、来る者は猶お追うべし

意味◉ 過ぎたことは今さら諫めることもできないが、これからのことは、まだ追いかけてゆけば間に合う。

参考◉ 楚の狂接輿（乱世に失望し狂人のふりをしている隠者）が、孔子に隠遁をすすめて述べたことば。

【出典】『論語』微子

【原文】往者不レ可レ諫、来者猶可レ追。

八月二日

生き方

濁水を観て清淵に迷えり

意味◉ 濁った水ばかりを見ているうちに、それに目を奪われて清らかな水の淵を見失ってしまった。世俗的な欲望に心を奪われて、人間本来の清らかな生き方を見失うことのたとえ。

【出典】『荘子』山木

【原文】観二於濁水一而迷二於清淵一。

八月三日

決意・信念

人を驚かすの浪に入らずんば、意に称う魚を尋ね難し

意味● 人がはっと驚くような激しい波の中にとびこまなければ、意にかなった魚を探し求めることは難しい。何事も必死の覚悟で取り組まなければ、大きな成果をあげることはできないことをたとえたことば。

【出典】『聯灯会要』十九

【原文】 不レ入二驚レ人浪一、難レ尋二称レ意魚一。

八月四日

言葉

鳥は宿る池中の樹、僧は敲く月下の門

意味● 鳥は池中の小島の樹の上に宿っている。一人の老僧がやって来て月に照らされた門をたたいている。

参考● 「推敲」の典拠として有名な詩句である。賈島が一日この詩の着想を得、「門を敲く」か「門を推す」か迷っていた。そこに偶然韓愈と出会い、「敲」のほうがよいと教えられたという逸話に基づく。

【出典】 中唐、賈島詩「題二李凝幽居一」

【原文】 鳥宿池中樹、僧敲月下門

八月五日

桃李言わず、下自ら蹊を成す

人物

意味◉ 桃や李は自ら口をきいて人を招くようなことはしなくても、その花や実ゆえに、自然と人がたくさん集まってくるので、その下にはいつしか小道ができる。徳のある人のところには、自らを喧伝しなくとも、自然と人が集まるたとえ。「成蹊」の語の典拠。

【出典】『史記』李将軍列伝

【原文】桃李不㆑言、下自成㆑蹊。

八月六日

恩甚だしければ則ち怨み生じ、愛多ければ則ち憎しみ至る

人間関係

意味◉ 人に恩情をかけすぎると、かえって怨みを招く結果となるし、愛情が過多であると、かえって憎しみを受けることとなる。

【出典】『亢倉子』用道

【原文】恩甚則怨生、愛多則憎至。

八月七日

上善は水の若し

意味◉最上の善は水のようなものである。

参考◉老子は最上の善を水にたとえた理由として、水は万物に恵みを施すが万物と争うことはなく、また人のいやがる低い所によろうとすることを挙げている。

【出典】『老子』八章

【原文】上善若レ水。

八月八日

人物

知を受くるは固より易からず、士を知るは誠に尤も難し

意味◉人に知られ理解されるのは当然やさしいことではない。しかし人を理解することはそれ以上に難しい。「受知」とは人の賞賛や知遇を得ること。

【出典】北宋、欧陽脩詩「送二榮陽魏主簿一」

【原文】受レ知固不レ易、知レ士誠尤難。

八月九日

幸福・不幸

禍の来るや人自ら之を生じ、福の来るや人自ら之を成す

意味◉災いが身に起こるのは、人が自分自身でこれを招いているのであり、幸福が訪れるのは、人が自分自身でこれを成し遂げたのである。禍福は自分自身が招くものである。

【出典】『淮南子』人間訓

【原文】禍之来也、人自生レ之、福之来也、人自成レ之。

八月十日

決意・信念

匹夫も志を奪うべからず

意味◉平凡な一人の男であっても、その志を奪い去ることはできない。こうすると決めた心が固ければ、何人でもその意志を奪うことはできないのである。

参考◉孔子のことば。「三軍も帥を奪うべし（大軍でも、その指揮官は奪い取ることができる）」という一文と対になる。いわゆる「一寸の虫にも五分の魂」である。

【出典】『論語』子罕

【原文】匹夫不レ可レ奪レ志也。

八月十一日

教える・学ぶ

徳は量に随って進み、量は識に由って長ず

意味◉徳は度量に従って向上し、度量は見識に従って成長するものだ。

参考◉徳を高めようとするならば、度量を広くしなくてはならないし、度量を広くするためには、その見識を高めなくてはならない。成徳のための学問の肝要を説く。

【出典】『菜根譚』前集百四十四

【原文】徳随ㇾ量進、量由ㇾ識長。

八月十二日

生き方

朝に道を聞かば、夕べに死すとも可なり

意味◉朝、人としてふみ行なうべき正しい道を聞き得たなら、その日の晩に死んでもかまわない。

参考◉人がふみ進むべき真理の道を希求してやまない孔子の情熱を簡潔に示したことば。

【出典】『論語』里仁

【原文】朝聞ㇾ道、夕死可矣。

八月十三日

人物

衆心城を成し、衆口金を鑠かす

意味◉　民衆の心が一致していれば、その国は城のように堅固であり、民衆の言は金をも溶かすくらいに力がある。民衆のもつ力を述べる。

【出典】『国語』周語・下

【原文】衆心成レ城、衆口鑠レ金。

八月十四日

生き方

百戦百勝は、善の善なる者に非ざるなり。戦わずして人の兵を屈するは、善の善なる者なり

意味◉　百回戦って百回勝つのは、最上の策ではない。謀略をめぐらし、実際の戦闘をするまでもなく敵を降伏させるのが最上の策である。戦闘をすれば、自軍にも、敵の降伏後は自軍の戦力となる敵兵にも損害が出るからである。四字熟語「百戦百勝」の典拠。

【出典】『孫子』謀攻

【原文】百戦百勝、非二善之善者一也。不レ戦而屈二人之兵一、善之善者也。

八月十五日

師弟・友人

三五夜中新月の色、二千里外故人の心

意味● 八月十五日の夜、出たばかりの月の美しさに、二千里も隔った所にいる旧友のことが思われる。

参考● 中秋の明月の夜、宮中に一人で宿直中の作者が親友の元稹を思って作った詩中の句。「三五夜」は十五夜。

【出典】中唐、白居易詩「八月十五日夜、禁中独直、対月憶元九」

【原文】三五夜中新月色、二千里外故人心。

八月十六日

教える・学ぶ

幼にして学ぶ者は日出づるの光の如し、老いて学ぶ者は燭を秉って夜行くが如し

意味● 若い時分の勉強は、まさに日の出の光のように盛んに進むが、年老いてからの勉強は、夜中にともし火をかかげて歩くようなもので、なかなか捗らない。「秉」は手に握る。

参考● 俗に「三つ子の魂百まで」というように、早期の教育が重要であることを説く。

【出典】『顔氏家訓』勉学

【原文】幼而学者如日出之光、老而学者如秉燭夜行。

八月十七日

善・悪

積善の家には必ず余慶有り。積不善の家には必ず余殃有り

意味◉ 善を積み重ねた家では、その子孫にまでも福が及び、不善を積み重ねた家では、その子孫にまでも災いが及ぶ。

【出典】『易経』坤・文言伝

【原文】積善之家必有㆓余慶㆒。積不善之家必有㆓余殃㆒。

八月十八日

心境

人生の大病は、只是一の傲の字なり

意味◉ 人が生きていく上で、最も害になるものは、傲の一字につきる。

【出典】『伝習録』下・一三九

【原文】人生大病、只是一傲字。

八月十九日

生き方

水に近き楼台は先ず月を得、陽に向かえる花木は春為り易し

意味◉水辺にある楼台は月の光がよく当たる。太陽の光がよく当たる花木は春の芽ぶきが早い。有力者のそばにいる者ほど恩恵を受けやすいことのたとえ。

参考◉「近水楼台」の四字のみでも同じ意味のたとえで用いられる。

【出典】南宋、兪文豹『清夜録』

【原文】近レ水楼台先得レ月、向レ陽花木易レ為レ春。

八月二十日

人物

鶴翎は天生ならず、変化は啄菢に在り

意味◉鶴の美しい羽は生まれながらのものではない。親鳥がくちばしでつついたり羽で抱きつつんだりして美しく変わるのである。人の才能も天性ではなく誰かに認められてはじめて現われることをいう。

参考◉「啄」はくちばしでつつくこと。「菢」は羽でたまごを抱きつつむこと。

【出典】中唐、韓愈詩「薦レ士」

【原文】鶴翎不二天生一、変化在二啄菢一。

八月二十一日

ものの見方

物(もの)に本末(ほんまつ)有(あ)り、事(こと)に終始(しゅうし)有(あ)り

意味◉ 物事には、根本か瑣末かの違いや、先か後かの違いがある。これらをよくわきまえ、判断を誤らないことが大切である。

【出典】『大学(だいがく)』経(けい)

【原文】 物有㆓本末㆒、事有㆓終始㆒。

八月二十二日

師弟・友人

長(ちょう)を挟(さしはさ)まず、貴(き)を挟(さしはさ)まず、兄弟(けいてい)を挟(さしはさ)まずして友(とも)とす

意味◉ 自分のほうが年長であることや、自分のほうが身分が高いことや、立派な兄弟がいるということなどをたのみにすることなく、友人と交わるのがよい。

参考◉ 弟子の万章(ばんしょう)に「友と交わる道」について問われ、孟子(もうし)が答えたことば。

【出典】『孟子(もうし)』万章(ばんしょう)・下

【原文】 不㆑挟㆑長、不㆑挟㆑貴、不㆑挟㆓兄弟㆒而友。

八月二十三日

過ぎたるは猶お及ばざるがごとし

生き方

意味● 度の過ぎていることは足りないことと同様である。どちらもほどほどでなく、偏っているのである。

参考● 子貢が孔子に、子張と子夏とではどちらが優れているかとたずねると、孔子は「子張は度が過ぎている。子夏は足りない」と答えた。そこで子貢が「それでは子張のほうが勝っているのですか」と問いを重ねた時、孔子が答えたことば。

【出典】『論語』先進

【原文】 過猶レ不レ及也。

八月二十四日

明眸皓歯今何くにか在る、血は遊魂を汚して帰り得ず

人物

意味● 輝く瞳と白い歯の楊貴妃は、今はどこにおられるのか。血に汚れてさまよう魂は、落ち着くことができずにいる。「明眸皓歯」は美人を形容する語で、ここでは楊貴妃をさす。

参考● 安禄山の乱により玄宗が長安から逃亡する際、途中の馬嵬でくびり殺された楊貴妃を偲んだ句。

【出典】 盛唐、杜甫詩「哀二江頭一」

【原文】 明眸皓歯今何在、血汚二遊魂一帰不レ得。

八月二十五日

生きる指針

前事の忘れざるは、後事の師なり

意味◉ 過去の出来事を忘れないでおけば、今後、事にあたるときのよき戒めとなる。

【出典】『戦国策』趙策

【原文】前事之不忘、後事之師。

八月二十六日

教える・学ぶ

迹は履の出だす所なるも、迹は豈履ならんや

意味◉ 足跡は履物によってできるが、足跡が履物そのものであるはずがない。制度、文物にはそれを創造した根源的な知恵があるはずだが、それを理解せずに、その足跡にすぎない制度、文物そのものを尊んでも意味がない。

【出典】『荘子』天運

【原文】迹履之所出、而迹豈履哉。

八月二十七日

隗(かい)より始(はじ)めよ

人物

意味◉優れた人物を招こうと思うなら、まずこの私、郭隗(かくかい)を用いてください。自分のようなつまらない者が用いられたと聞けば、自分より優れた人物が続々と集まるはずだということ。転じて、遠大な計画も身近なことから始めよ、また、言い出した人からまず始めよの意でも用いられる。

参考◉天下の賢人を招聘しようとしていた燕(えん)の昭王(しょうおう)より相談を受けた賢者郭隗が述べたことば。

【出典】『戦国策(せんごくさく)』燕策(えんさく)

【原文】従㆑隗始。

八月二十八日

生き方

足るを知れば辱められず、止まるを知れば殆からず

意味◉足ることを知っていれば、辱められることもない。止まることを知っていれば、危ない目に遭うこともない。

参考◉老子は「足るを知る」「止まるを知る」ことの重要性を強調する。「足るを知る」から「知足」という熟語が生じた。

【出典】『老子』四十四章

【原文】知レ足不レ辱、知レ止不レ殆。

八月二十九日

生きる指針

多言すること無かれ、多言は敗多し。多事すること無かれ、多事は患い多し

意味◉おしゃべりはいけない、口数が多いと失敗も多くなる。多くのことに手を出してはいけない、多くのことに手を出すと悩みや苦労も多くなる。

参考◉孔子が周を訪れたときに、周の始祖とされる后稷の廟の前にあった銅像の背中に書いてあったことば。

【出典】『孔子家語』観周

【原文】無二多言一、多言多レ敗。無二多事一、多事多レ患。

八月三十日

生き方

十二時中、自己を欺くこと莫れ

意味◉ 一日中、自分を欺いてはならない。どのような時でも自分に正直であれということ。「十二時中」は一昼夜ずっとの意。

参考◉ 南宋の政治家葛邲の述べたことば。

【出典】『宋史』葛邲伝

【原文】十二時中、莫㆑欺㆓自己㆒。

八月三十一日

生き方

内に省みて疚しからざれば、夫れ何をか憂え何をか懼れん

意味◉ 自分の内面を反省してみて何もやましいことがないのなら、そもそも何を心配し、何を恐れるというのだ。

参考◉ 弟子の司馬牛に対して孔子が君子のありようについて語ったことば。

【出典】『論語』顔淵

【原文】内省不㆑疚、夫何憂何懼。

九月一日

教える・学ぶ

学び(まな)て時(とき)に之(これ)を習(なら)う、亦説(またよろこ)ばしからずや

意味◉学んだことを、その時々に繰り返しおさらいをして自分のものにする。なんと喜ばしいことではないか。「時」は機会あるたびに、その時その時に。「説」は悦に同じ、喜ぶの意。

参考◉学問の喜びを示した『論語』冒頭の有名な孔子(こうし)のことば。

【出典】『論語(ろんご)』学而(がくじ)

【原文】学而時習ㇾ之、不二亦説一乎。

九月二日

生き方

其(そ)の国(くに)に入(い)る者(もの)は、其(そ)の俗(ぞく)に従(したが)う

意味◉他国に入れば、その国の風俗習慣に従うべきである。郷(ごう)に入(い)っては郷(ごう)に従(したが)え。

【出典】『淮南子(えなんじ)』斉俗訓(せいぞくくん)

【原文】入二其国一者、従二其俗一。

九月三日

病気・薬

風は百病の長なり。其の変化に至りて乃ち他病を為すなり

意味◉ 風邪はあらゆる病気のはじめである。風邪が変化して、他の病が生ずるのである。「長」はさき、はじめ。

参考◉ 「風」は風気のことで、風気がその他の外邪とあわさって人体に侵入すると、様々な疾患の原因となる。俗に「風（風邪）は万病の元」「風（風邪）は百病の元」といわれるのはこれによる。

【出典】『黄帝内経素問』風論

【原文】風者百病之長也。至二其変化一乃為二他病一也。

九月四日

ものの見方

一視にして同仁、近くに篤くして遠きを挙ぐ

意味◉ （聖人は）全てのものを同一に見て人としての仁愛の情を同じく及ぼし、身近なものに心をこめて接すると同時に、遠くはなれたものにも心をこめて接する。

参考◉ 「一視同仁」の熟語のもととなった文。「原人」は「人とは何か」を論じたもので、人としてあるべき道が、「一視同仁」である。

【出典】中唐、韓愈「原人」

【原文】（聖人）一視而同仁、篤レ近而挙レ遠。

九月五日

人物

人大誉有れば、其の小故を訾る無かれ

意味◉その人に大きな功績があるなら、ささいな事柄をとがめだてしてはいけない。

参考◉「体論」の、君主の心得を説いた部分の一節。

【出典】三国魏、杜恕「体論」

【原文】人有二大誉一、無レ訾二其小故一。

九月六日

人生訓

天運の寒暑は避け易きも、人世の炎涼は除き難し

意味◉四季の移り変わりによる寒さや暑さを避けることはできても、人の世に起こる人情の熱さや冷たさから逃れることは難しい。

参考◉他人の心情もさることながら、自分の情においても動揺を除き去ることは難しいものである。

【出典】『菜根譚』後集百三十三

【原文】天運之寒暑易レ避、人世之炎涼難レ除。

九月七日

実行・行動

書を以て御を為す者は、馬の情を尽くさず

意味◉ 書物の知識だけで馬を御する者は、馬の気持ちを十分のみこめない。実践に基づいた知識でなければ役に立たないというたとえ。

【出典】『戦国策』趙策

【原文】以㆑書為㆑御者、不㆑尽㆓馬之情㆒。

九月八日

生き方

天知る。神知る。我知る。子知る。何ぞ知る無しと謂うや

意味◉ 天が知っている。神が知っている。私が知っている。君が知っている。どうして知る者がいないなどと言えようか。

参考◉「暮夜知る者無し（うす暗がりの中では誰もわからない）」と言って、賄賂を贈ろうとした者に、楊震が答えたことば。

【出典】『後漢書』楊震伝

【原文】天知。神知。我知。子知。何謂㆑無㆑知。

九月九日

師弟・友人

今日暫く同にす芳菊の酒、明朝は応に断蓬と作って飛ぶべし

意味◉ 今日のところは一緒に菊花を浮かべた酒を飲んでいるが、明朝になれば君は飛んで転がる蓬となって去ってしまうだろう。

参考◉ 九月九日に旅立つ友人を送る詩。「芳菊の酒」は菊花を浮かべた酒で、九月九日重陽節に飲む。「断蓬」は枯れて球形になって風に吹かれ飛ぶ蓬。行方が定まらない比喩である。

【出典】 盛唐、王之渙詩「九日送別」

【原文】 今日暫同芳菊酒、明朝応(下)作(二)断蓬(一)飛(上)。

九月十日

時間

少年老い易く学成り難し、一寸の光陰軽んずべからず

意味◉ 年月の過ぎ去るのは早く、若者もすぐに年を取ってしまうものだし、そのうえ学問は成就し難い。だからほんのわずかの時間もおろそかにしてはならない。「光陰」は時間のこと。

参考◉ 宋学の大成者朱熹の学問に対する真摯な態度がうかがわれ、古来、若者を励ます勧学の詩として有名である。

【出典】 南宋、朱熹詩「偶成」

【原文】 少年易ㇾ老学難ㇾ成、一寸光陰不ㇾ可ㇾ軽。

九月十一日

過ち

過(あやま)ちては則(すなわ)ち改(あらた)むるに憚(はばか)ること勿(なか)れ

意味◉ 過ちを犯したなら、体面など考えずにすぐに改めるべきである。

参考◉ 君子たるものの心得を述べた孔子(こうし)のことば。

【出典】『論語(ろんご)』学而(がくじ)

【原文】過則勿レ憚レ改。

九月十二日

教える・学ぶ

学(まな)ぶ者(もの)は、其(そ)の学(まな)ぶ能(あた)わざる所(ところ)を学(まな)ぶ。行(おこ)なう者(もの)は、其(そ)の行(おこ)なう能(あた)わざる所(ところ)を行(おこ)なう

意味◉ 学問とは、これまで学ぶことのできないものを学ぶことであり、行なうというのはこれまで行なうことができなかったことを行なうことである。

【出典】『荘子(そうじ)』庚桑楚(こうそうそ)

【原文】学者、学ニ其所レ不レ能レ学也。行者、行ニ其所レ不レ能レ行也。

九月十三日

敗軍の将は、以て勇を言うべからず

人物

意味◉ 戦いに負けた将軍は、武勇について語るべきではない。

参考◉ 韓信の「背水の陣」によって破れた趙の広武君、李左車のことば。一般に流布している「敗軍の将は兵を語らず」は、この条を典拠とする。

【出典】『史記』淮陰侯列伝

【原文】敗軍之将、不㆑可㆓以言㆒勇。

九月十四日

知の難きに非ず、知を処すること則ち難きなり

知識・知恵

意味◉ わかることが難しいのではなく、わかったことをどう処理するかが難しいのである。

【出典】『韓非子』説難

【原文】非㆓知之難㆒也、処㆑知則難也。

九月十五日

両虎共に闘わば、其の勢い倶には生きず

意味◉二頭の虎同士が闘えば、どちらか一頭は生きてはいない。

参考◉藺相如が、家来たちに、なぜ廉頗からこそこそ逃げまわるのかとたずねられて、自らと廉頗とを虎にたとえていったことば。

【出典】『史記』廉頗・藺相如列伝

【原文】両虎共闘、其勢不㆓倶生㆒。

九月十六日

君子は豹変し、小人は面を革む

意味◉ものごとが革新されるときには、君子は、豹が秋に新たな毛となるように美しく鮮やかに革新し、小人は顔つきをあらためて柔順にその結果に従う。

参考◉解釈によっては、「君子は過失をあらため善に移行することが顕著に外に現われるが、小人はうわべの顔つきだけをあらためて従う」とするものもある。

【出典】『易経』革・上六

【原文】君子豹変、小人革㆑面。

九月十七日

井中(せいちゅう)より星(ほし)を視(み)れば、見(み)る所(ところ)数星(すうせい)に過(す)ぎず

意味◉井戸の中から星を見れば、そこから見える星の数は、多くの星の中のいくつかにすぎない。

参考◉狭い見識で物事に対する者は、全容を把握することは不可能である。常に私心を捨て去り、すべてを見渡す器量と見識が必要とされる。

【出典】『尸子(しし)』広沢(こうたく)

【原文】自二井中一視レ星、所レ見不レ過二数星一。

九月十八日

子(こ)を養(やしな)いて方(はじ)めて父母(ふぼ)の恩(おん)を知(し)り、身(み)を立(た)てて方(はじ)めて人(ひと)の辛苦(しんく)を知(し)る

意味◉自分で子を育てるようになってやっと、父母のありがたみがわかる。修養を重ね、一人前になってやっと、他の人がどれだけ苦労しているかがわかる。

【出典】『明心宝鑑(めいしんほうかん)』上・孝行(こうこう)

【原文】養レ子方知二父母恩一、立レ身方知二人辛苦一。

九月十九日

知識・知恵

機を以て機を奪い、毒を以て毒を攻む

意味◉機知、からくりのある相手にはそれを上回る機知を示して相手の機知、からくりが働かないようにし、毒のある相手にはより強い毒で応ずる。「毒を以て毒を攻む」は、悪人を使って他の悪人をおさえるたとえにも用いられる。類句に「毒を以て毒を制す」がある。「以毒制毒」。

【出典】『嘉泰普灯録』二十五

【原文】以㆑機奪㆑機、以㆑毒攻㆑毒。

九月二十日

実行・行動

始めは処女の如くにして、敵人戸を開く。後には脱兎の如くにして、敵拒むに及ばず

意味◉はじめは少女のようにもの静かに弱々しくふるまっていると、敵は油断してすきを見せる。その後、逃げ出す兎のようにすばやくはげしく行動すれば、敵は防ぎようがないのである。

参考◉「始めは処女の如く後には脱兎の如し」という、約めた形でよく用いられる。

【出典】『孫子』九地

【原文】始如㆓処女㆒、敵人開㆑戸。後如㆓脱兎㆒、敵不㆑及㆑拒。

九月二十一日

爾に出ずる者は、爾に反る者なり

人生訓

意味◉自分の身から出たことは、必ず自分の身に返ってくる。

参考◉鄒（周代の国の名。現在の山東省鄒県）の穆公が、魯との戦いで、将校ばかりが戦死し、兵卒が一人も身を挺して守ろうとしなかったことについて、孟子に対処の仕方を問うた。その際、孟子が返答の中で引用した曾子のことば。

【出典】『孟子』梁恵王・下

【原文】出乎爾者、反乎爾者也。

九月二十二日

針縷を積む者は、帷幕を成す

継続・積み重ね

意味◉針と糸で、一目一目縫ってゆけば、やがて大きなとばりや幕を作り上げる。

参考◉小さなことであっても、積み重ねることによって初めて大成するのである。

【出典】『説苑』政理

【原文】積針縷者、成帷幕。

九月二十三日

知る

一葉落ちて知る天下の秋

意味◉ 梧桐の葉が一枚落ちるのを見て、天下が秋になったことを知る。

参考◉ 唐庚が「唐人に詩有りて云う」として唐代の詩人の作品を紹介している詩句の一部。一般にはわずかな前触れから、将来の凋落のきざしを察することをいう。「一葉落ちて天下の秋を知る」とも。

【出典】 北宋、唐庚『文録』

【原文】 一葉落知天下秋。

九月二十四日

生きる指針

前車の覆るは、後車の誡めなり

意味◉ 前を走る車が転覆したら、後方を走る車は、それを見て注意することができる。成功した先人たちからは、その方法をまね、失敗した先人たちからは、その過ちの原因を学びとらなければならない。

【出典】『漢書』賈誼伝

【原文】 前車覆、後車誡。

九月二十五日

反省・慎み

興れば必ず衰うるを慮り、安ければ必ず危うきを思う

意味◉盛んになれば必ず衰える時のことを配慮し、安らかな時には必ず危うい時のことを考える。天命を受けているとされる聖天子であっても反省や慎みの心を忘れてはならない。

【出典】前漢、司馬相如「封禅文」

【原文】興必慮ㇾ衰、安必思ㇾ危。

九月二十六日

困難・再起

歳寒くして、然る後に松柏の彫むに後るるを知る

意味◉寒い季節になって、そこではじめて松や柏が、他の樹木が枯れて葉を落としても、緑の葉を残していることがわかる。困難な状況になってはじめて人間の真価がわかるというたとえ。「松柏」はマツやヒノキの類で常緑樹。「柏」は日本のかしわではない。

【出典】『論語』子罕

【原文】歳寒、然後知ㇾ松柏之後ㇾ彫也。

九月二十七日

努力

木に縁りて魚を求むるは、魚を得ずと雖も、後の災い無し

意味● 木に登って魚を捕らえようとするのは、かりに魚が得られなくても、後の災いというものは何もない。「木に縁りて魚を求む」とは、方法を誤ると目的が達成できないこと、また、見当ちがいの困難な望みを抱くことをたとえたことば。

参考● 孟子が斉の宣王に対し、武力をもって天下の覇たらんとすることの非を説いた際に用いたことば。

【出典】『孟子』梁恵王・上

【原文】縁レ木求レ魚、雖レ不レ得レ魚、無二後災一。

九月二十八日

知識・知恵

知の難きは、人を見るに在らずして、自ら見るに在り

意味● 知ることの難しさは、他人を見ることにあるのではなく、自己を見ることにある。他人のことはよく見えても、自分のことは見落としがちである。

参考● これを比喩して『韓非子』は、「能く百歩の外を見て、自ら其の睫（まつげ）を見る能わず」という。つまり、遠くは見えても自分のまつげを見ることはできないのである。

【出典】『韓非子』喩老

【原文】知之難、不レ在レ見レ人、在二自見一。

九月二十九日

人生

七十にして心の欲する所に従えども、矩を踰えず

意味◉七十歳になって、自分の思いのままに行動しても、道をふみはずさないようになった。「矩」は物事のわく。ここでは人間の道徳的規範。

参考◉「吾十有五にして学に志す」に始まる孔子晩年の述懐の最後の一節。七十歳にして、自己の行動が道理と一致し、自由自在の境地を得たことをいう。ここから七十歳を「従心(思いのままにする)」という。

【出典】『論語』為政

【原文】七十而従二心所一レ欲、不レ踰レ矩。

九月三十日

実行・行動

之を知ることの艱きに非ず、之を行なうこと惟れ艱し

意味◉物事を知ることが難しいのではなく、知ったことを実行することが難しいのである。

参考◉殷の宰相傅説のことばとされる。

【出典】『書経』説命・中

【原文】非二知レ之艱一、行レ之惟艱。

十月一日

千里も足下より始まり、高山も微塵より起こる

ものの見方

意味◉千里の道も足もとの一歩から始まり、高い山も小さな塵が積みかさなることによってそびえ立つ。

参考◉白居易が自分の部屋にかけていた後漢の崔子玉（崔瑗）の「座右の銘」（『文選』所収）にならって作った文中のことば。

【出典】中唐、白居易「続座右銘并序」

【原文】千里始二足下一、高山起二微塵一。

十月二日

騏驥驊騮は、一日にして千里を馳するも、鼠を捕うるは狸狌に如かず

適材適所

意味◉「騏驥」「驊騮」といった駿馬は、一日に千里走ることができるが、鼠をつかまえることでは猫にはかなわない。物にはそれぞれ違ったとりえがあるというたとえ。「騏驥」「驊騮」（周の穆王が巡幸に用いた馬）は駿馬の意。「狸狌」は猫やいたち。

【出典】『荘子』秋水

【原文】騏驥驊騮、一日而馳二千里一、捕レ鼠不レ如二狸狌一。

十月三日

生き方

自ら伐らず、故に功有り。自ら矜らず、故に長し

意味◉自分を誇示しないから、ますますその功績が認められる。自分を誇示しないから、末長く尊敬される。「伐」「矜」は誇るの意。

参考◉聖人は専ら道を守って人々の手本となるが、決して自分を明らかにしようとしないから、かえって人々に認められると説く。

【出典】『老子』二十二章

【原文】不二自伐一、故有レ功。不二自矜一、故長。

十月四日

ものの見方

智者も千慮に必ず一失有り、愚者も千慮に必ず一得有り

意味◉どんな知恵者でも、必ず千に一つは考え損ないはあり、いくら愚かな者であっても、千に一つくらいはよい考えを出すものだ。

【出典】『史記』淮陰侯列伝

【原文】智者千慮必有二一失一、愚者千慮必有二一得一。

十月五日

禍を転じて福と為し、敗に因りて功を成す

幸福・不幸

意味◉ 禍が身にふりかかっても、それを転じて幸福がおとずれるようにし、失敗をもとにして成功をよびこむようにする。

参考◉ 聖人の振る舞いの例として縦横家の蘇秦が斉の宣王に示したことば。「禍を転じて福となす」はこれが典拠。

【出典】『戦国策』燕策

【原文】転禍而為福、因敗而成功。

十月六日

跂ちて望めども、高きに登るの博く見ゆるに如かざるなり

師弟・友人

意味◉ つま立ちして遠くを望み見ても、高い所に登り遠く広く見るのには及ばない。

参考◉ 自分の能力だけで考えるよりは、先人や師に就いて学ぶほうが、より物事が明らかとなるものである。つま立ちして望む視野には限界があるが、高い所に登ればその限界は軽々と越えられるのである。学問修養における師友の存在の重要性を主張している。

【出典】『荀子』勧学

【原文】跂而望矣、不如登高之博見也。

十月七日

天・地・人

天の時は地の利に如かず。地の利は人の和に如かず

意味◉何か事をなす場合、天の時（四季・天候・方角など、すべての自然現象のその時々の状態）がよくとも、地の利（地勢の有利さ）がなければうまくいかない。しかし、地の利があったとしても、人の和がなければうまくいかない。

参考◉孟子はこのことばによって、人民の心の和合一致の大切さを説いた。

【出典】『孟子』公孫丑・下

【原文】天時不レ如二地利一。地利不レ如二人和一。

十月八日

成長・進歩

三年蜚ばず、又鳴かず

意味◉三年の間、飛びもしなければ鳴きもしない。将来の飛躍を期してじっと機会を待っているさまにいう。

参考◉淳于髡が、遊興にふけり政治を怠っていた斉の威王を、鳥にたとえて諫めたことば。

【出典】『史記』滑稽列伝

【原文】三年不レ蜚、又不レ鳴。

十月九日

三十にして立つ

人生

意味◉三十歳になって自分なりの立場がわかって自立した。

参考◉孔子が自己の人生の道程を振り返って述べたことば。ここから、三十歳を「而立」という。

【出典】『論語』為政

【原文】三十而立。

十月十日

美の成るは久しきに在り、悪の成るは改むるに及ばず

善・悪

意味◉よいことができあがるには長い時間がかかるが、悪いことが成り立ってしまうと、なかなか改めることができない。「美」はよいこと。なお、「悪いことは改めるいとまもないほど次々に早くできあがる」の意味でも通じる。

【出典】『荘子』人間世

【原文】美成在レ久、悪成不レ及レ改。

十月十一日

読書

灯火稍く親しむべく、簡編巻舒すべし

意味● 時は秋、夜が長くなり灯火に親しむ機会が多くなった。書物をひもといて読むのに適した季節だ。

参考● 詩題の「符」は韓愈の子の名。これは子供に学ぶことをすすめる詩中のことば。「簡編」は書物のこと、「巻舒」は開いたり巻いたりすること。一般に「灯火親しむべし」というかたちで使われる。

【出典】中唐、韓愈詩「符読㆓書城南㆒」

【原文】灯火稍可㆑親、簡編可㆓巻舒㆒。

十月十二日

ものの見方

敵存すれば禍を滅ぼし、敵去れば過を召く

意味● 敵がいれば注意を怠らないのでかえって災禍をなくすことができ、敵がいなくなると安心し油断してしまうのでかえって過失を招いてしまう。

参考● 敵は恐ろしいとばかり思われるが、敵の存在はかえってよいこともあるという意味のことば。

【出典】中唐、柳宗元「敵戒」

【原文】敵存滅㆑禍、敵去召㆑過。

十月十三日

見る

百聞は一見に如かず

意味● 他人からどんなに詳しく聞いても、実際に自分の眼で見ることには及ばないということ。

参考● 西の辺境にいる羌族（チベット系遊牧民）が漢の町を攻めた時、漢の宣帝が将軍である趙充国に下問した時の充国の答えの中のことば。

【出典】『漢書』趙充国伝

【原文】百聞不レ如二一見一。

十月十四日

病気・薬

酒は百薬の長なり

意味● 酒は数ある薬の中でも最もよく効く薬である。酒の効能をいったことば。

参考● 「夫れ塩は食肴の将、酒は百薬の長にして嘉会の好、鉄は農の本なり」とあるうちの一節。「嘉会の好」は宴会の楽しみ。

【出典】『漢書』食貨志・下

【原文】酒百薬之長。

十月十五日

実行・行動

山を為ること九仞、功一簣に虧く

意味◉ 山をつくって九仞まで土を積み上げたのに、最後の一簣の土を積むのを怠れば仕事は完成しない。もう一息のところまでいきながら、最後のわずかなつまずきで今までの努力がむだになることをたとえる。

参考◉ 召公（武王の弟で、燕の始祖。召公奭とも）が周の武王に言ったことば。一般には「九仞の功を一簣に虧く」で使われる。

【出典】『書経』旅獒

【原文】為レ山九仞、功虧二一簣一。

十月十六日

生きる指針

事は忽せにする所に起こり、禍は無妄に生ず

意味◉ 大事はおろそかにして怠るところから起こり、災禍は思いもかけぬことから生じる。「無妄」は不測の意。

【出典】初唐、張蘊古「大宝箴」

【原文】事起二乎所レ忽、禍生二乎無妄一。

十月十七日

習い性と成る

意味◉ 習慣がつくともって生まれた性のようになる。習慣は第二の性となり得るという意。

【出典】『書経』太甲・上

【原文】習与レ性成。

十月十八日

志は易きを求めず、事は難きを避けず

意味◉ 物事は行なうのに安易な道を求めようとはしない。困難だからといって避け逃れることはしない。

参考◉ 虞詡が厳しい任務についたときに、それを気遣う友人たちに答えたときのことば。本当に力のある人であるなら困難こそ望むべきであることをいう。

【出典】『後漢書』虞詡伝

【原文】志不レ求レ易、事不レ避レ難。

十月十九日

実行・行動

虎の躍るや、必ず伏して乃ち厲う

意味◉虎がとびかかろうとする時には、必ず一度身体を伏せてそこで奮い立つ。

参考◉何かをなす前には、そのための準備の時間が必要であることをいう。

【出典】明、劉基「擬連珠」編

【原文】虎之躍也、必伏乃厲。

十月二十日

心境

年の将に衰えんとするを恤えずして、志の倦むこと有るを憂う

意味◉年を取って体が衰えていくことを心配するのではなく、己の志が衰えてゆるんでしまうことを心配する。

【出典】後漢、徐幹『中論』修本

【原文】不恤年之将衰、而憂志之有倦。

十月二十一日

適材適所

尺も短き所有り、寸も長き所有り

意味◉一尺の長さでも短いことがあり、一寸の長さでも長いこともある。

参考◉一尺は十寸で、本来「尺」が「寸」より長い。それが長短を逆にするのは、物は用いどころに応じて適不適が決まるという意味。賢い者も不足する場面があるし、愚かな者でも十分に足りる場面もあることをいう。尺短寸長。

【出典】戦国楚、屈原「卜居」

【原文】尺有レ所レ短、寸有レ所レ長。

十月二十二日

幸福・不幸

福は隠約に生じて、禍は得意に生ず

意味◉幸福とは、苦労を積み重ねることによって初めて生じるものであり、不幸とは、思いのままになっている心の油断から生じるものである。「隠約」は苦難、「得意」は自分の望み通りになること。

【出典】『説苑』敬慎

【原文】福生二於隠約一、而禍生二於得意一。

十月二十三日

実行・行動

尺蠖の屈するは、以て信びんことを求むるなり。竜蛇の蟄るるは、以て身を存するなり

意味◉ 尺取り虫が身を曲げるのは、それで次に身を大きく伸ばそうとするからであり、竜や蛇が冬に穴ごもりをするのは、それで身を永く保とうとするからである。

参考◉ 人間の学問について述べたことば。他日の成功を期するためには準備段階が必要なことをいう。

【出典】『易経』繋辞下伝

【原文】尺蠖之屈、以求レ信也。竜蛇之蟄、以存レ身也。

十月二十四日

善・悪

善悪の報いは、影の形に随うが若し

意味◉ 善行に対する報い、悪行に対する報いは、物には影が必ずつきしたがうように、必ずともなって現われるものだ。

参考◉ 「布施して功徳を営むは、果報有りや不や（布施をして功徳を積めば、果報はあるだろうか）」と問われたのに対し、張士衡が答えたことばの一節。

【出典】『旧唐書』儒学上・張士衡伝

【原文】善悪之報、若二影随一レ形。

十月

十月二十五日

師弟・友人

己に如かざる者を友とすること無かれ

意味◉ 自分より劣った者を友としてはならない。「無」は「勿」に通じ、禁止の意。

参考◉ 君子たる者のとるべき態度について述べた孔子のことば。自分より劣った者を友として、威張ったり、わがままにふるまうことを戒めたもの。

【出典】『論語』学而

【原文】 無レ友ニ如レ己者一。

十月二十六日

自然・故郷

朝に辞す白帝彩雲の間、千里の江陵 一日にして還る

意味◉ 早朝美しい朝焼けの雲の下を白帝城から出発する。千里かなたの江陵まで一日で帰るのである。

参考◉ 「白帝城」は四川省奉節県の長江北岸にある城。長江の名勝である三峡の一つ瞿唐峡に臨む切り立った山にあり、三国蜀の劉備が諸葛孔明に後事を託して没した場所。「江陵」は湖北省にある町。

【出典】 盛唐、李白詩「早発ニ白帝城一」

【原文】 朝辞白帝彩雲間、千里江陵一日還。

堂に升れり、未だ室に入らず

意味◉表の広間には入っているが、まだ奥の部屋には入っていない。学問・技量がその奥義をきわめるまでには至ってはいないが、優れた水準まで上達していることをたとえる。「堂」は表の客間。「室」は奥の間。

参考◉孔子は音楽というものは、人格を形成するのに役立つと考えており、弟子の子路が瑟（大型の琴）を爪弾くようすを見て、「子路のひく瑟は、私の家ではどうもね……」と言った。それを聞いた他の門人達は子路を敬わなくなった。そこで孔子が述べたことばがこれである。つまり、子路の技量は十分に秀れているが完成まではあと一歩であると評し、他の門人達の不見識をとがめたのである。ここから、「堂に升り室に入る」で、学問技芸がしだいに進歩してその深奥に達することをいい、「堂に升る」は上達して一定の水準に達すること、「室に入る」はさらに進んで深い境地まで達することにたとえる。さらに、これに基づいて、学問や技芸が奥深いところまで達していることを「堂に入る」と表現するようになった。

【出典】『論語』先進

【原文】升ㇾ堂矣、未ㇾ入二於室一也。

十月二十八日

生き方

百年養うも足らず、一日毀いて余り有り

意味◉ 徳を養うのには百年かけても十分ではない。しかしその徳を堕落させるのには一日あればあまるほどだ。

参考◉ 一度口に出したことばはあっという間にとりかえしのつかないことになるし、行動もすわっていてさえ過失を犯すことがあるから、言動には十分に注意しなければならないということ。

【出典】 北宋、王安石詩「寓言」其十一

【原文】 百年養不レ足、一日毀有レ余。

十月二十九日

実行・行動

七年の病に三年の艾を求む

意味◉ 七年間もの長患いの病人に、乾燥にこれから三年もかかるもぐさを求め、灸をすえて病を治そうとする。日頃から準備をしておかないと、急に求めようとしても得られないことのたとえ。

【出典】『孟子』離婁・上

【原文】 七年之病求二三年之艾一。

十月

十月三十日

師弟・友人

白頭新(はくとうしん)の如(ごと)く、傾蓋故(けいがいこ)の如(ごと)し

意味◉ お互いが白髪になるまでの長いつきあいであっても、昨日今日のような新しい友人同様なこともあり、逆に、車を止めて立ち話をしただけのような仲であっても、その友情は古くからの親友と同じようなこともある。

【出典】『史記(しき)』魯仲連(ろちゅうれん)・鄒陽列伝(すうようれつでん)

【原文】白頭如レ新、傾蓋如レ故。

十月三十一日

教える・学ぶ

木(き)は縄(じょう)を受(う)くれば則(すなわ)ち直(なお)く、金(かね)は礪(といし)に就(つ)けば則(すなわ)ち利(するど)し

意味◉ 木は墨縄(すみなわ)をあてればまっすぐになり、金属は砥石(といし)でみがけば鋭くなる。学問、学習をすることによって、広い知識を身につければ自ずと行ないは正しく、よりよいものとなることをいう。

参考◉ 「縄」は大工が木に印をつける際に用いる墨縄の意。

【出典】『荀子(じゅんし)』勧学(かんがく)

【原文】木受レ縄則直、金就レ礪則利。

十一月一日

言葉

病は口より入り、禍は口より出ず

意味◉病気は口にする食物から入り、わざわいは口にすることばから出る。

参考◉口を慎んで多言すべきではないことをいうことば。

【出典】西晋、傅玄『傅子』付録

【原文】病従レ口入、禍従レ口出。

十一月二日

生き方

財を以て交わる者は、財尽くれば交わり絶え、色を以て交わる者は、華落つれば愛渝る

意味◉財産を目当てに交際する者は、相手の財産がなくなれば交際が絶えるし、美しさを目当てに交際する者は、相手の美貌が衰えれば愛情がよそに移る。「渝」はここでは寵愛が他人へ移り変わるの意。

【出典】『戦国策』楚策

【原文】以レ財交者、財尽而交絶、以レ色交者、華落而愛渝。

十一月三日

成長・進歩

青(あお)は之(これ)を藍(あい)より取(と)りて、藍(あい)より青(あお)し

意味◉青色というのは、藍の草を原料として作り出すものであるが、その作り出された青は、原料の藍よりもいっそう青い。

参考◉ものは、もとの原料以上の良質なものとして、変わり得ることを示している。「青出二之藍一」とするテキストがあり、「出(しゅつ)藍(らん)の誉(ほま)れ」の語は、この条が典拠とされる。

【出典】『荀子(じゅんし)』勧学(かんがく)

【原文】青取二之於藍一、而青二於藍一。

十一月四日

名誉

名(な)は実(じつ)の賓(ひん)なり

意味◉名誉は実質の客人である。実質のともなわない名誉を求めるのは、主人のいない客人になるようなものだ。

【出典】『荘子(そうじ)』逍遥遊(しょうようゆう)

【原文】名者実之賓也。

十一月五日

日(ひ)に一日(いちにち)を慎(つつし)む

生き方

意味◉ 日々よく気を配って慎み深くする。順境にあっても慎み深さが大切であることをいう。

参考◉ 尭(ぎょう)・舜(しゅん)・禹(う)のごとき聖天子であっても慎み深さを忘れなかったと『淮南子(えなんじ)』にある。そして、『詩経(しきょう)』大雅(たいが)・大明(たいめい)の一文を引いて、その様は「小心翼翼（細かいことにまで気を配り慎み深い）」としていたともいう。

【出典】『淮南子(えなんじ)』主術訓(しゅじゅつくん)

【原文】日慎二一日一。

十一月六日

源(みなもと)清(きよ)ければ流(なが)れ潔(きよ)く、本(もと)盛(さか)んなれば末(すえ)栄(さか)う

意味◉ 水源が清ければその流れも汚れなく、本となるところがしっかりとしていればその末もさかんになる。

参考◉ その人の道徳が立派であれば、その行為や行動も偉大なものになることをいう。

【出典】後漢(ごかん)、班固(はんこ)「高祖泗水亭碑銘(こうそしすいていひめい)」

【原文】源清流潔、本盛末栄。

十一月七日

心境

富は足ることを知るに在り、貴は退くを求むるに在り

意味◉ 豊かさとは、満足ということを知るところにあり、高貴さとは、謙虚であろうとするところにある。

【出典】『説苑』説叢

【原文】富在ㇾ知ㇾ足、貴在ㇾ求ㇾ退。

十一月八日

成長・進歩

朝華の草は、夕べにして零落す、松柏の茂るは、隆寒なるも衰えず

意味◉ 朝に花の咲く草木は、夕方にはその花は枯れて散ってしまう。一方、常緑樹である松や柏（ヒノキの類）は、厳しい寒さの中でも、その葉の青さが色あせることはない。はやくできあがったものは滅びるのも早く、時間をかけてできあがったものは、終わりも立派だということ。

【出典】『三国史』魏書・王昶伝

【原文】朝華之草、夕而零落、松柏之茂、隆寒不ㇾ衰。

十一月九日

心境

人の己を知らざることを患えず、人を知らざることを患う

意味◉ 他人が自分のことをわかってくれないことなど気にかけず、自分が他人の真価がわからぬことを気にかけるべきだ。

【出典】『論語』学而

【原文】不レ患三人之不二己知一、患レ不レ知レ人也。

十一月十日

継続・積み重ね

太山の高きは、一石に非ず。卑きを累ねて然る後に高し

意味◉ 太山のような高さも一つの石からなるのではない。低い石を重ねてはじめて高くなるのである。「太山」は泰山。山東省中部に位置する名山。五岳の一つ。

参考◉ 晏嬰が斉の景公に、臣下の些細な言説にも耳を傾けるよう諫言した折の一節。つまり、些細な事が重なって大きな事となることをいう。

【出典】『晏子春秋』内篇諫下

【原文】太山之高、非二一石一也。累レ卑然後高。

十一月十一日

読書

読書百遍にして義自ら見る

意味◉ 書物は繰り返し繰り返し読めば、そこに書かれた意味は自然とわかるようになる。熟読が大事である。

参考◉ 魏の董遇が、学問の教えを請うた者に言ったことば。まず何よりも書物を繰り返し繰り返し読むべきだと説いている。

【出典】『三国史』魏書・鍾繇華歆王郎伝・裴松之注

【原文】読書百遍而義自見。

十一月十二日

教える・学ぶ

亟〻問うを羞ずること無く、下学するを媿じず

意味◉ 何度も質問することを恥ずかしいこととせず、身近なことを学ぶことを恥ずかしがらない。「亟」はしばしばの意。

【出典】『戦国策』斉策

【原文】無羞亟問、不媿下学。

十一月十三日

習慣

少成は天性の若く、習貫は自然の如し

意味● 若い頃に習慣となったものは、生まれつきもっている天性と同じようになるし、習慣は、やがて身について生まれつき自然に備わっているもののようになる。「習貫」は「習慣」に同じ。

参考● 孔子のことばとして載っている。「習い性と成る」と同趣旨。

【出典】『漢書』賈誼伝

【原文】少成若㆓天性㆒、習貫如㆓自然㆒。

十一月十四日

生き方

理有るは高声に在らず

意味● 道理が通っているかどうかは、声の大きさには関係ない。大声で言えば道理が通るというものではない。

参考● 月庵善果禅師のことばとして見える。

【出典】『嘉泰普灯録』十七

【原文】有㆑理不㆑在㆓高声㆒。

十一月十五日

人物

子を択ぶは父に如くは莫く、臣を択ぶは君に如くは莫し

意味◉ 子供の性質・能力を、本当によく知っているのは父親であり、臣下のことを最もよく知っているのは主君である。

【出典】『春秋左氏伝』昭公十一年

【原文】択ㇾ子莫ㇾ如ㇾ父、択ㇾ臣莫ㇾ如ㇾ君。

十一月十六日

決意・信念

断じて敢行すれば、鬼神も之を避く

意味◉ 断固たる決意で行動すれば、鬼神でさえこれを避け、必ず良い結果をもたらす。

参考◉ 始皇帝が巡幸の途中で崩御したとき、宦官の趙高が、公子胡亥を説得して言ったことば。

【出典】『史記』李斯列伝

【原文】断而敢行、鬼神避ㇾ之。

十一月十七日

言葉

書(しょ)は言(げん)を尽(つ)くさず、言(げん)は意(い)を尽(つ)くさず

意味● 文字では言いたいことは書きつくせないし、ことばでは心に思っていることは言いつくせない。易(えき)が文字やことばでは表し得ないような深奥な意義をもつことを述べた孔子(こうし)のことば。

参考● 中国では後にこのことばが書信の末尾に用いられるようになり、「書(しょ)は意(い)を尽(つ)くさず」という成句も使用された。

【出典】『易経(えききょう)』繋辞上伝(けいじじょうでん)

【原文】書不レ尽レ言、言不レ尽レ意。

十一月十八日

生き方

心(こころ)は小(しょう)ならんことを欲(ほっ)して、志(こころざし)は大(だい)ならんことを欲(ほっ)す

意味● 心遣いは細心でありたく、志は高大でありたい。「小」は細心であること。

【出典】『淮南子(えなんじ)』主術訓(しゅじゅつくん)

【原文】心欲レ小、而志欲レ大。

十一月十九日

ものの見方

足を削りて履に適し、頭を殺いで冠に便す

意味◉　足を削ってくつに合うようにし、頭を削ってぼうしに合うようにする。「殺」は削る。「便」はぴったり合うようにする。

【出典】『淮南子』説林訓

【原文】削レ足而適レ履、殺レ頭而便レ冠。

十一月二十日

生き方

強きは弱きを攘う毋れ、衆は寡を暴う毋れ

意味◉　力の強い者は、弱者を排斥してはいけない。人数が多いものは、その数をたのんで、少数者をしいたげてはいけない。「攘」は排斥する意。「暴」は侵犯し、害を与えること。

【出典】『漢書』景帝紀

【原文】強毋レ攘レ弱、衆毋レ暴レ寡。

十一月二十一日

言葉

言を以て人を傷うは刀斧より利く、術を以て人を害するは虎狼より毒す

意味◉ ことばによって人を傷つけるのは刃物より鋭く、権謀術数を用いて人を害するのは虎や狼よりひどい害を与える。

【出典】北宋、林逋『省心録』

【原文】以レ言傷レ人者利二於刀斧一、以レ術害レ人者毒二於虎狼一。

十一月二十二日

実行・行動

備え有れば患い無し

意味◉ あらかじめ用意さえしておけば、心配はいらない。

参考◉ 殷の宰相傅説のことばで、何事もおごりあなどってはならない、常に備えておく必要があると説いている。

【出典】『書経』説命・中

【原文】有レ備無レ患。

十一月二十三日

心境

識馬奔り易く、心猿制し難し

意味● 人間の心は、暴れる馬のように奔放に走りがちであり、騒ぐ猿のように抑えがたい。煩悩や情欲によって、心が乱れて静まらないこと。

参考● 作者不明の「息心銘」の一節。意馬心猿。

【出典】『景徳伝灯録』三十

【原文】識馬易㆑奔、心猿難㆑制。

十一月二十四日

教える・学ぶ

学びて然る後に足らざるを知り、教えて然る後に困しむを知る

意味● 学んでみてはじめて自分の足りないところがわかり、人に教えてみてはじめてその難しさがわかる。

参考● 自分の知識の不足を知り、また教育の難しさを知った結果、それを補う努力をすべきことを示している。

【出典】『礼記』学記

【原文】学然後知㆑不㆑足、教然後知㆑困。

十一月二十五日

幸福・不幸

善(ぜん)は妄(みだ)りに来(きた)らず、災(わざわ)いは空(むな)しく発(はっ)せず

意味◉ 幸いはでたらめにやってくるものではない。災いは何の原因もなく起こるものではない。

参考◉ 後漢の霊帝(れいてい)のときに、帝の座に青蛇があらわれたことの意味を問われた際に楊賜(ようし)が答えた文の中にあることば。

【出典】『後漢書(ごかんじょ)』楊賜伝(ようしでん)

【原文】善不㆓妄来㆒、災不㆓空発㆒。

十一月二十六日

言葉

舌端(ぜったん)の孽(わざわい)は、楚鉄(そてつ)より惨(むご)し

意味◉ 口先がもたらすわざわいは、どんな武器よりもひどい。

参考◉ 「楚鉄」は楚の国の兵器、強い軍事力の意味で使われている。

【出典】中唐(ちゅうとう)、劉禹錫(りゅううしゃく)「口兵戒(こうへいかい)」

【原文】舌端之孽、惨㆓乎楚鉄㆒。

十一月二十七日

継続・積み重ね

蹞歩(きほ)を積(つ)まざれば、以(もっ)て千里(せんり)に至(いた)ること無(な)く、小流(しょうりゅう)を積(つ)まざれば、以(もっ)て江海(こうかい)を成(な)すこと無(な)し

意味◉ 半歩ずつであっても、それを重ねてゆかないことには千里にいたることはなく、小さな流れが集まらなければ大きな川や海にはなりえない。物事を成し遂げるためには、小さな事をくり返し積み重ねていくことが唯一の法である。

【出典】『荀子(じゅんし)』勧学(かんがく)

【原文】不レ積ニ蹞歩一、無三以至ニ千里一、不レ積ニ小流一、無三以成ニ江海一。

十一月二十八日

心境

百里(ひゃくり)を行(ゆ)く者(もの)は九十(くじゅう)を半(なか)ばとす

意味◉ 百里の道を行く者は、九十里まで達したとき、ようやく半分までできたと考えるのがよい。物事は最後が肝心であり、達成を目前にして気をゆるめてはいけないという戒め。

【出典】『戦国策(せんごくさく)』秦策(しんさく)

【原文】行ニ百里一者半ニ於九十一。

十一月二十九日

世の習い

柔能く剛を制し、弱能く強を制す

意味◉柔らかくしなやかなものが、かえって力強いものに勝ち、弱いものが、かえって強いものに勝つ。

参考◉軍讖（戦の勝敗を予言した書）のことば。

【出典】『三略』上略

【原文】柔能制剛、弱能制強。

十一月三十日

成長・進歩

後生畏るべし。焉んぞ来者の今に如かざるを知らんや

意味◉若い後輩たちは、その測り知れぬ可能性ゆえに畏敬すべきである。将来の彼らが現在の我々に及ばないなどと、どうして言えようか。「後生」は先生（先に生まれた人）に対する語で、後から生まれた人のこと、後輩。「来者」は将来。「今」は現在の我々。

【出典】『論語』子罕

【原文】後生可畏。焉知来者之不如今也。

十二月一日

師弟・友人

寧ろ千金を失うとも、一人の心を失う毋れ

意味◉ たとえ千万金の財産を失うことがあろうと、一人の味方の心を失ってはならない。

参考◉ 金や権力ではなく、人からの尊敬や信頼こそが重要だということを説くことば。

【出典】 前漢、袁康『越絶書』巻七

【原文】 寧失二千金一、毋レ失二一人之心一。

十二月二日

時間

人行くも猶お復すべし、歳の行くは那ぞ追うべけんや

意味◉ 人は出かけて行っても帰ってこられるが、過ぎ去った歳月を取り戻すことはできない。

参考◉ 詩の題名となっている「別歳」とは、年末に行なわれる年忘れの酒宴のこと。この詩では、酒とごちそうで宴を催して楽しみ、新しい年ともゆくゆくは別れることになるのであるから、この年との別れを嘆くまいとうたっている。

【出典】 北宋、蘇軾詩「別歳」

【原文】 人行猶可レ復、歳行那可レ追。

十二月三日

言葉

衆口(しゅうこう)の毀誉(きよ)は、石(いし)を浮(う)かべて木(き)を沈(しず)ます

意味◉ 世間の人々があれこれとほめたりけなしたりすることによって、浮かぶはずのない石が水に浮かび、沈むはずのない木が水に沈んだりする。

参考◉ 白と黒、曲と直の区別は明らかのように思えるが、誤ったことを言う人が多いと、そうした自明のことさえわからなくなる。人は世俗に迎合した発言をしてはならないということ。

【出典】 前漢(ぜんかん)、陸賈(りくか)『新語(しんご)』弁惑(べんわく)

【原文】 衆口之毀誉、浮レ石沈レ木。

十二月四日

実行・行動

淵(ふち)に臨(のぞ)んで魚(うお)を羨(うらや)むは、退(しりぞ)いて網(あみ)を結(むす)ぶに如(し)かず

意味◉ 淵をのぞきこんで、ぼうっと魚を手に入れたいとただ願っているだけよりは、いったんその場から離れても、魚をとるための網を作るほうがよい。

【出典】 『漢書(かんじょ)』董仲舒伝(とうちゅうじょでん)

【原文】 臨レ淵羨レ魚、不レ如ニ退而結レ網。

十二月五日

ものの見方

成事(せいじ)は説(と)かず、遂事(すいじ)は諫(いさ)めず、既往(きおう)は咎(とが)めず

意味◉ できあがったことにはあれこれ言うことはできないし、してしまったことには諫めもきかないし、過ぎてしまったことには咎めだてもできない。

参考◉ 「既往(きおう)は咎(とが)めず」だけの形で過ぎ去ったことをいつまでも咎めだてするより、将来を慎むことが大切であるという意味で使われる。

【出典】 『論語(ろんご)』八佾(はちいつ)

【原文】 成事不レ説、遂事不レ諫、既往不レ咎。

十二月六日

教える・学ぶ

玉琢(たまみが)かざれば器(き)と成(な)らず、人学(ひとまな)ばざれば道(みち)を知(し)らず

意味◉ 玉も磨かなければ美しい器にならないように、人も学問修養しなければ道理を会得することはできない。「琢」はつち、やのみで玉を打って磨くこと。

【出典】 『礼記(らいき)』学記(がくき)

【原文】 玉不レ琢不レ成レ器、人不レ学不レ知レ道。

十二月七日

人生訓

酒人を酔わさず、人自ら酔う。色人を迷わさず、人自ら迷う

意味◉ 酒が人を酔わせるのではなく、人は自分自身が原因で酔うのである。色欲に迷わされるのではなく、自分自身が原因で迷うのである。

【出典】『明心宝鑑』下・省心

【原文】酒不レ酔レ人、人自酔。色不レ迷レ人、人自迷。

十二月八日

生き方

水至って清ければ則ち魚無く、人至って察なれば則ち徒無し

意味◉ 水があまりにきれいすぎる所には魚は棲むことができないように、人の上に立つ者が余りに細かいことにまで目が届きすぎると、そこには人が集まらない。

参考◉ 日本語では「水清ければ魚棲まず」の形で慣用表現として用いられる。

【出典】『漢書』東方朔伝

【原文】水至清則無レ魚、人至察則無レ徒。

十二月九日

心境

手（て）の之（これ）に舞（ま）い、足（あし）の之（これ）を蹈（ふ）むを知（し）らざるなり

意味◉ 自然と手が舞い、足ぶみをしながらも、自分では気がつかない。今日では、喜びのあまりこおどりする意として多く用いられる。

【出典】『礼記（らいき）』楽記（がくき）

【原文】不レ知二手之舞レ之、足之蹈一レ之也。

十二月十日

人生

六十（ろくじゅう）にして耳（みみ）順（したが）う

意味◉ 六十歳になって、他人のことばを素直に耳に入れるようになった。

参考◉ 孔子（こうし）が晩年に自己の生涯を回顧して述べたことば。ここから六十歳のことを「耳順（じじゅん）」という。

【出典】『論語（ろんご）』為政（いせい）

【原文】六十而耳順。

十二月十一日

時間

巧遅は拙速に如かず

意味● 上手だが遅いというよりは、下手でも速いほうがよい。

参考● 『孫子』に「兵は拙速を聞くも、未だ巧の久しきを睹ざるなり」とあり、古くは戦についての議論の中で、拙速か巧遅かが論ぜられた。

【出典】『文章軌範』巻五・序

【原文】巧遅者不レ如二拙速一。

十二月十二日

幸福・不幸

禍は福の倚る所、福は禍の伏する所なり

意味● 禍には福がよりそい、福には禍がよりそう。禍と福とが表裏一体となって交互に現われることのたとえ。

参考● このことばは「禍福倚伏」の四字熟語としても用いられている。老子はどこまでが福で、どこからが禍であるか、その窮極を知ることはできないと論ずる。禍福は糾える縄の如し。

【出典】『老子』五十八章

【原文】禍兮福之所レ倚、福兮禍之所レ伏。

十二月十三日

努力

死して後に已む

意味◉自己の任務を死ぬまで遂行し続ける。死ぬまで努力を続けるということ。

参考◉孔子の高弟である曾参のことば。

【出典】『論語』泰伯

【原文】死而後已。

十二月十四日

人間関係

身体髪膚之を父母に受く。敢えて毀傷せざるは、孝の始めなり

意味◉我々の身体は両手両足から髪一本、皮膚一片にいたるまで、すべて父母からいただいた大切なものである。だから、この身体を軽々しく傷つけないようにし、大切にすることは孝行の第一歩である。

【出典】『孝経』開宗明義

【原文】身体髪膚受二之父母一。不二敢毀傷一、孝之始也。

十二月十五日

江東の子弟才俊多し、捲土重来未だ知るべからず

困難・再起

意味●（項羽の本拠地である）長江下流域には、すぐれた若者が多い。恥を忍んでいったん退却し、彼らとともに砂ぼこりを巻き起こすように再起すれば、天下の形勢はどうなっていたかわからない。「捲土重来」は「土を捲きて重ねて来る」と読む。「捲」は砂ぼこりを巻き上げるの意。「けんどじゅうらい」とも読む。

参考●「烏江」は安徽省にある長江の渡し場。漢の劉邦に攻められ敗走しここに至った楚の項羽は、亭長が用意した船で江東の地に渡るのを断り、壮絶な最期を遂げた。この故事をふまえ、項羽が亭長の勧めを聞き入れて長江を渡っていたらどうなっていたかわからない、と述べた句。一度負けた者が勢いをもりかえして再挙を図ることを「捲土重来」というのは、これによる。「捲」は「巻」とも書く。

【出典】 晩唐、杜牧詩「題二烏江亭一」

【原文】 江東子弟多二才俊一、捲土重来未レ可レ知。

十二月十六日

ものの見方

大功を成さんとする者は、小を成さず

意味● 大きな仕事を成し遂げようとする者は、小さなことを成し遂げようとはしないものだ。

参考● 「呑舟の魚は、枝流に游ばず、鴻鵠は高く飛んで、汚池に集まらず」のエピソードに見られる楊朱のことば。

【出典】『列子』楊朱

【原文】成二大功一者、不レ成レ小。

十二月十七日

決意・信念

心専らならんと欲さば、石を鑿るとも穿ちなん

意味● そのことだけに専心すれば、かたい石にでも穴をあけることができる。

参考● 張鷟が、五嫂・十娘の両仙女に会い、十娘との恋を成就せんがために詩を贈るさまを五嫂が評したことば。願いをかなえるために懸命になれば、必ずや事は成就されることをいう。

【出典】『遊仙窟』

【原文】心欲レ専、鑿レ石穿。

十二月十八日

心境

快に乗じて事を多くすべからず。倦に因りて終わりを鮮くすべからず

意味● 好調だからといって、余計なところまで手を広げすぎてはならない。飽きていやになったからといって、終わりをいいかげんにしてはならない。

参考● 調子にのって余計なことをしてしまうことを戒めている。

【出典】『菜根譚』前集二百十三

【原文】不レ可二乗レ快而多一レ事。不レ可二因レ倦而鮮一レ終。

十二月十九日

心境

白髪三千丈、愁いに縁りて箇の似く長し

意味● 私の白髪は三千丈もあるだろうか。これも幾重にもつもる愁いのためにこんなにも長く伸びたのだ。

参考● 李白は晩年流罪となったが、大赦にあい、秋浦（現在の安徽省貴池県にある池の入江の名）の近くに戻ってきた頃の作と推定される。「白髪三千丈」は愁いのために白髪が長く伸びることを嘆く表現。

【出典】盛唐、李白詩「秋浦歌」其十五

【原文】白髪三千丈、縁レ愁似レ箇長。

十二月二十日

生き方

賢を見ては斉しからんことを思い、不賢を見ては内に自ら省みる

意味◉ 自分より優れた人に出会ったなら、その人と同じようになりたいと思い、くだらない人に出会ったなら、自分もそのようではないかと反省する。「賢」は頭がよいというより、ここでは人間として優れていることをいう。

参考◉ 他者を見て、そこから自分を磨くための教訓を得るべきだという孔子のことば。

【出典】『論語』里仁

【原文】見レ賢思レ斉焉、見二不賢一而内自省也。

十二月二十一日

実行・行動

魚を致さんと欲する者は、先ず水を通じ、鳥を致さんと欲する者は、先ず木を樹う

意味◉ 魚を呼び寄せようと思う者は、第一に水路を通わせ、鳥を呼び寄せようと思う者は、第一に木を植える。利益を得るには、まず準備が必要なことをたとえる。「致」は呼び寄せる。「樹」は植える。

【出典】『淮南子』説山訓

【原文】欲レ致レ魚者、先通レ水、欲レ致レ鳥者、先樹レ木。

十二月二十二日

教える・学ぶ

道(みち)に聴(き)きて塗(みち)に説(と)くは、徳(とく)を之(これ)棄(す)つるなり

意味◉道で聞きかじったことを、そのまま道ばたで他人に自説のように説くことは、徳を投げ棄てることである。「塗」は途に同じで、道路の意。

参考◉聞きかじりの学問を右から左へ受け売りすることを戒めた孔子(こうし)のことば。ここから、他人の言説を受け売りしたり、いいかげんなうわさ話のことを「道聴塗説(どうちょうとせつ)」ということばで表現するようになった。

【出典】『論語(ろんご)』陽貨(ようか)

【原文】道聴而塗説、徳之棄也。

十二月二十三日

人物

人(ひと)の功(こう)を記(しる)し、人(ひと)の過(あやま)ちを忘(わす)る

意味◉他人の功績はいつまでも覚えておき、他人の過ちはすぐに忘れてしまわなければならない。「記」は心にきざみこむの意。

【出典】『漢書(かんじょ)』陳湯伝(ちんとうでん)

【原文】記二人之功一、忘二人之過一。

十二月二十四日

有終の美

初め有らざること靡し、克く終わり有ること鮮し

意味◉人は初めは慎んで事をうまく運ぶが、最後まで全うできる者は少ない。

参考◉有終の美を飾ることの難しさをいったこの一節は、最後まで物事を全うするためには慎み深い気持ち（初心）を持ち続けることが大切であることをいう。

【出典】『詩経』大雅・蕩

【原文】靡レ不レ有レ初、鮮二克有一レ終。

十二月二十五日

ものの見方

衣は新しきを経ざれば、何に縁りてか故きを得ん

意味◉衣服は、新しい段階を経て、初めて古くなるのである。

参考◉倹約家の桓沖が、浴後に妻がさしだした衣服が新品であったのに怒り、違う物を持ってくるように命じたが、妻は再びその新品の衣をさしだした。その際に妻が語ったのがこのことばである。桓沖は、妻のことばに笑い喜んで新品の衣に袖を通したという。

【出典】『晋書』桓沖伝

【原文】衣不レ経レ新、何縁得レ故。

十二月二十六日

往(ゆ)きて来(きた)らざる者(もの)は年(とし)なり。再(ふたた)び見(み)るべからざる者(もの)は親(おや)なり

意味◉二度と帰らぬものは過ぎ去った歳月である。二度と会うことができないのは死んでしまった親である。孝養を尽くそうと思うときには、親はいないということ。

【出典】『孔子家語(こうしけご)』致思(ちし)

【原文】往而不レ来者年也。不レ可二再見一者親也。

十二月二十七日

斆(おし)うるは学(まな)ぶの半(なか)ばなり

意味◉人に教えることは、半分は自分が学ぶことでもある。

参考◉殷(いん)の宰相傅説(ふえつ)のことば。

【出典】『書経(しょきょう)』説命(えつめい)・下

【原文】斆学半。

十二月二十八日

心境

疑事（ぎじ）は功（こう）無（な）く、疑行（ぎこう）は名（な）無（な）し

意味◉ 疑いを抱きながらことにあたれば、功績はあがらないし、疑いを抱いて行動すれば、名声は得られない。

【出典】『戦国策（せんごくさく）』趙策（ちょうさく）

【原文】 疑事無レ功、疑行無レ名。

十二月二十九日

虎（とら）に騎（の）る者（もの）は、勢（いきお）い下（お）りるを得（え）ず

意味◉ 虎にのった者は、途中で降りることはできない。

参考◉ 日本では一般に「騎虎（きこ）の勢（いきお）い」といわれるのはこの句による。物事にはずみがついて途中ではやめられないことをいい、やめればかえって危険なことになることを「虎」という激しい気性の獣をいうことで暗に示している。

【出典】『新五代史（しんごだいし）』唐臣伝（とうしんでん）

【原文】 騎レ虎者、勢不レ得レ下。

十二月三十日

義を見て為ざるは、勇無きなり

生き方

意味● 人として当然なすべきことを知りながら、それを実行しないのは、勇気のない人間である。

参考● 「勇」は孔子がたびたび説いた徳目で、その中でもこのことばはよく知られたものであろう。

【出典】『論語』為政

【原文】見ㇾ義不ㇾ為、無ㇾ勇也。

十二月三十一日

過ちて改めざる、是を過ちと謂う

過ち

意味● 過ちがあったのにそれを改めようとしない、これこそ本当の過ちというべきものだ。

【出典】『論語』衛霊公

【原文】過而不ㇾ改、是謂ㇾ過矣。

過ち

生き方

生きる指針

運命

教える・学ぶ

継続・積み重ね

決意・信念

幸福・不幸

言葉

自然・故郷

実行・行動

師弟・友人

習慣

知る

心境

人生訓

成長・進歩

善・悪

知識・知恵

適材適所

天・地・人

名誉

ものの見方

有終の美

世の習い

あ

い

う

え

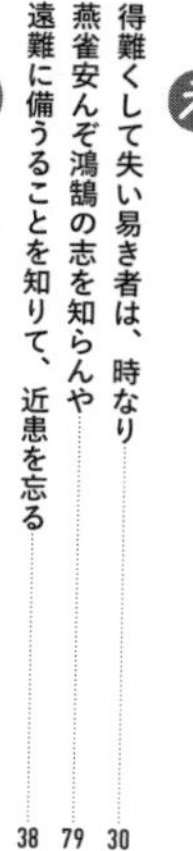

お

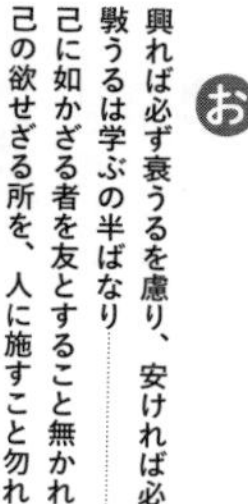

か

き

く

け

こ

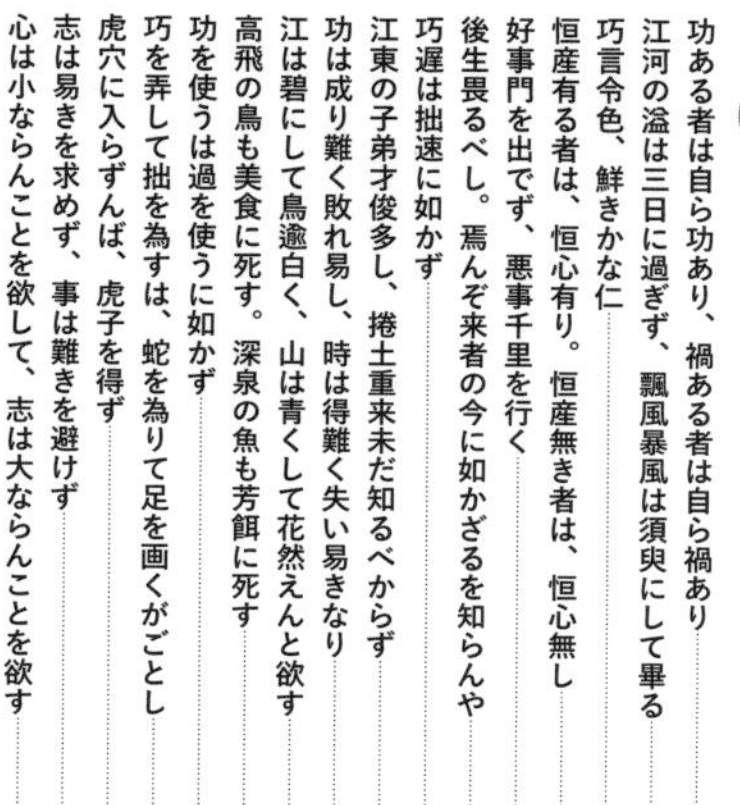

し

す

せ

そ

た

な

に

ね

は

ひ

2023年5月20日　初版発行

366日の中国名句辞典

二〇二三年五月二〇日　第一刷発行

編　者　三省堂編修所
発行者　株式会社 三省堂　代表者 瀧本多加志
印刷者　三省堂印刷株式会社
発行所　株式会社 三省堂
〒一〇二-八三七一
東京都千代田区麴町五丁目七番地二
電話（〇三）三二三〇-九四一一
https://www.sanseido.co.jp/

〈366日中国名句・208pp.〉

落丁本・乱丁本はお取り替えいたします。

ISBN978-4-385-13973-9

本書の内容に関するお問い合わせは、弊社ホームページの「お問い合わせ」フォーム（https://www.sanseido.co.jp/support/）にて承ります。